Get started in Spanish

Mark Stacey and
Ángela González Hevia

Advisory editor Paul Coggle
Revised by Karen Davy

For UK order enquiries: please contact Bookpoint Ltd, 130 Milton Park, Abingdon, Oxon OX14 4SB. *Telephone:* +44 (0) 1235 827720. *Fax:* +44 (0) 1235 400454. Lines are open 09.00–17.00, Monday to Saturday, with a 24-hour message answering service. Details about our titles and how to order are available at www.teachyourself.co.uk

For USA order enquiries: please contact McGraw-Hill Customer Services, PO Box 545, Blacklick, OH 43004-0545, USA. *Telephone:* 1-800-722-4726. *Fax:* 1-614-755-5645.

For Canada order enquiries: please contact McGraw-Hill Ryerson Ltd, 300 Water St, Whitby, Ontario L1N 9B6, Canada. Telephone: 905 430 5000. *Fax:* 905 430 5020.

Long renowned as the authoritative source for self-guided learning – with more than 50 million copies sold worldwide – the *teach yourself* series includes over 500 titles in the fields of languages, crafts, hobbies, business, computing and education.

British Library Cataloguing in Publication Data: a catalogue record for this title is available from the British Library.

Library of Congress Catalog Card Number: on file.

First published in UK 1992 by Hodder Education, part of Hachette Livre UK, 338 Euston Road, London, NW1 3BH.

First published in US 1992 by The McGraw-Hill Companies, Inc.

This edition published 2012.

Previously published as Teach Yourself Beginner's Spanish

The *Teach Yourself* name is a registered trade mark of Hodder Headline.

Copyright © 1992, 2003, 2008, 2012 Mark Stacey and Ángela González Hevia

Typeset by Integra Software Services Pvt. Ltd., Pondicherry, India.

Illustrated by Barking Dog Art, Sally Elford, Peter Lubach.

Printed in China for Hodder Education, an Hachette Livre UK Company, 338 Euston Road, London NW1 3BH.

The publisher has used its best endeavours to ensure that the URLs for external websites referred to in this book are correct and active at the time of going to press. However, the publisher and the author have no responsibility for the websites and can make no guarantee that a site will remain live or that the content will remain relevant, decent or appropriate.

Hachette Livre UK's policy is to use papers that are natural, renewable and recyclable products and made from wood grown in sustainable forests. The logging and manufacturing processes are expected to conform to the environmental regulations of the country of origin.

Impression number 10 9 8 7 6 5 4 3 2 1

Year 2014 2013 2012

Contents

Meet the authors

We met and married in the early sixties and have, since then, spent our professional lives teaching Spanish and examining in Further, Higher and Adult education, working as a team wherever possible. Between us we have a language diploma from the University of Toulouse, an honours degree in Spanish and French (University of Nottingham) and an MA in Applied Linguistics (Kent University). Mark is also a Licenciate of the Royal Academy of Music.

Now retired, we live for part of the year in an isolated but not remote hamlet in the north of Spain where we have been able to integrate with the local, primarily agricultural, community, and where, because there are no other English inhabitants, we are known as 'los ingleses', which is only half true, of course. We have found it interesting to note the local dialectal forms of Spanish which do not find their way into the grammar books, especially among the elderly and those for whom extended education was not an option: a trace of an austere way of life which has all but disappeared.

In Spain we are able to take note of larger movements and tendencies in the language which we have been able to incorporate in succeeding editions of *Get started in Spanish*. We have also travelled in Cuba, Argentina and Chile – and know that students will find little difficulty in understanding or being understood in Latin American countries.

When not in Spain, we live in Dorset; we have three children and nine grandchildren. Of the extended family of seventeen, thirteen can speak Spanish.

Best wishes from us both.

Mark Stacey and Ángela González Hevia

How to use this book

UNITS 1–10

Study the first ten units in order; as you do so, you will find you are
acquiring many useful language uses, but they are not grouped in any
sort of topic area. They are based on what we call language *functions*,
which are uses of language that can apply to a wide variety of situations.

Units 1–10 all open with a cultural reading in English. Units 1–9 each have
a **Vocabulary builder** page with a thematic grouping of related words
that can be studied together, as well as new expressions – words and
expressions needed to understand the upcoming conversation or reading.
You will often notice missing words in the Vocabulary builder. Look for
patterns to help you complete the lists.

Each of the first nine units includes at least one conversation or a
description by a Spanish character of an aspect of their everyday life. It
is important to listen to or read this material at least twice; work out the
meaning for yourself as far as you can, but use the lists of key words and
phrases to help you.

The symbol ∩ indicates that the recording is recommended for the
following section.

The **Language discovery** asks you to think about one or more aspects of
the grammar seen in the **Conversation** or **Reading**. (See below for more
information about the learning approach known as the **Discovery method**.)

The **Practice, Speaking** and **Reading** sections give you the opportunity
to try out the Spanish that has been explained in the unit so far. The **Key**
is at the back of the book. If you have difficulty with an item, try solving
the problem by looking again at the Spanish before using the **Key** as a
last resort. However, do check the **Key** when you've done each exercise –
it is important to go back over material in areas where you are making
errors, rather than carrying on regardless, which is bound to get you into
trouble later! If you find you are making a large number of errors, try
taking things more slowly and practising the phrases more as you go
through the material in the unit – don't try an exercise until you are pretty
sure you have understood everything that precedes it. Make good use of
the pause button on the recording – it's good for your pronunciation and
your memory to repeat phrases as often as possible.

Finally, in most of Units 1–10 there is a short test – **Test yourself** – which enables you to check whether you can now do some of the language tasks covered by that unit. The answers to these tests are also given in the **Key**. Always check your results in the test, and revise the unit until you can do it without errors before you go on to the next unit. A thorough understanding of everything in Unit 1 is essential for you to succeed in Unit 2, and so on.

UNITS 11–21

The remaining units are based on broad topic areas. They can be taken in any order, which enables you to learn first how to cope with shopping, say (Unit 17), if this is what you feel you need to tackle before anything else. These units do not have a **Test yourself**, as each unit is not dependent on the previous one, and only some have **Language discovery** sections. Unit 21 is a final summing up, and there is some extra vocabulary at the end.

Try to use the book little and often, rather than for long stretches at a time. Leave it somewhere handy so that you can pick it up for just a few minutes to refresh your memory again with what you were looking at the time before. Above all, talk to other Spanish speakers or learners, if at all possible; failing that, talk to yourself, to inanimate objects, to the imaginary characters in this book (warn your family and friends!). If you can find someone else to learn along with you, that is a great bonus.

Do *all* the exercises, and do them more than once. Make maximum use of the audio: play it as background, even when half your mind is on something else, as well as using it when you are actually studying. The main thing is to create a continuous Spanish 'presence', so that what you are learning is always at the front of your mind, and not overlaid with the thousand and one preoccupations we all have in our daily lives.

To make your learning easier and more efficient, a system of icons indicates the actions you should take:

 Play the audio track

 New words and phrases

 Listen and pronounce

 Figure something out for yourself

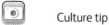 Culture tip

Exercises coming up!

Speak Spanish out loud

Reading passage

Writing task

Check your Spanish (no cheating)

THE DISCOVERY METHOD – LEARN TO LEARN!

There are lots of philosophies and approaches to language learning, some practical, some quite unconventional, and far too many to list here. Perhaps you know of a few, or even have some techniques of your own. In this book we have incorporated the **Discovery method** of learning, a sort of DIY approach to language learning. What this means is that you will be encouraged throughout the course to engage your mind and figure out the language for yourself, through identifying patterns, understanding grammar concepts, noticing words that are similar to English, and more. This method promotes *language awareness*, a critical skill in acquiring a new language. As a result of your own efforts, you will be able to better retain what you have learned, use it with confidence, and, even better, apply those same skills to *continuing* to learn the language (or, indeed, another one) on your own after you've finished this book.

Everyone can succeed in learning a language – the key is to know *how to learn* it. Learning is more than just reading or memorizing grammar and vocabulary. It's about being an *active* learner, learning in real contexts, and, most importantly, *using* what you've learned in different situations. Simply put, if you **figure something out for yourself**, you're more likely to understand it. And when you use what you've learned, you're more likely to remember it.

And because many of the essential but (let's admit it!) dull details, such as grammar rules, are introduced through the **Discovery method**, you'll have more fun while learning. Soon, the language will start to make sense and you'll be relying on your own intuition to construct original sentences *independently*, not just listening and repeating.

Enjoy yourself!

Learn to learn

Be successful at learning languages

1 MAKE A HABIT OUT OF LEARNING

Study a little every day, between 20 and 30 minutes if possible, rather than two to three hours in one session. **Give yourself short-term goals**, e.g. work out how long you'll spend on a particular unit and work within the time limit. This will help you to **create a study habit**, much in the same way you would a sport or music. You will need to concentrate, so try to **create an environment conducive to learning** which is calm and quiet and free from distractions. As you study, do not worry about your mistakes or the things you can't remember or understand. Languages settle differently in our brains, but gradually the language will become clearer as your mind starts to make new connections. Just **give yourself enough time** and you will succeed.

2 EXPAND YOUR LANGUAGE CONTACT

As part of your study habit, try to take other opportunities to **expose yourself to the language**. As well as using this book, you could try listening to radio and television or reading articles and blogs. Perhaps you could find information in Spanish about a personal passion or hobby or even a news story that interests you. In time you'll find that your vocabulary and language recognition deepen and you'll become used to a range of writing and speaking styles.

3 VOCABULARY
- To organize your study of vocabulary, group new words under:
    - **a** generic categories, e.g. *food, furniture.*
    - **b** situations in which they occur, e.g. under *restaurant* you can write *waiter, table, menu, bill.*
    - **c** functions, e.g. greetings, parting, thanks, apologizing.
- Say the words out loud as you read them.
- Write the words over and over again. Remember that if you want to keep lists on your smartphone or tablet, you can usually switch the keyboard language to make sure you are able to include all accents and special characters.

- Listen to the audio several times.
- Cover up the English side of the vocabulary list and see if you remember the meaning of the words.
- Associate the words with similar-sounding words in English, e.g. **prefiere** with *prefer*, **cine** with *cinema*.
- Create flash cards, drawings and mind maps.
- Write words for objects around your house and stick them to objects.
- Pay attention to patterns in words, e.g. adding **Buenos, Buenas** to the start of a word usually indicates a greeting; **Buenos días, Buenas tardes, Buenas noches.**
- **Experiment with words.** Use the words which you learn in new contexts and find out if they are correct. For example, you learn in Unit 5 that **tener** means *to have*, e.g. **Tengo dos hermanas** *(I have two sisters.).* Experiment with **tengo** in new contexts, e.g. **Tengo un coche pequeño** *(I have a small car.).* Check the new phrases either in this book, in a dictionary or with Spanish speakers.

4 GRAMMAR

- To organize the study of grammar, write your own grammar glossary and add new information and examples as you go along.
- **Experiment with grammar rules.** Sit back and reflect on the rules you learn. See how they compare with your own language or other languages you may already speak. Try to find out some rules on your own and be ready to spot the exceptions. By doing this you'll remember the rules better and get a feel for the language.
- Try to find examples of grammar in conversations or other readings.
- Keep a 'pattern bank' that organizes examples that can be listed under the structures you've learned.
- Use old vocabulary to practise new grammar structures.
- When you learn a new verb form, write the conjugation of several different verbs you know that follow the same form.

5 PRONUNCIATION

- When organizing the study of pronunciation, keep a section of your notebook for pronunciation rules and practise those that trouble you.
- Repeat all of the conversations, line by line. Listen to yourself and try to mimic what you hear.
- Record yourself and compare yourself to a native speaker.
- Make a list of words that give you trouble and practise them.
- Study individual sounds, then full words.

▶ Don't forget: it's not just about pronouncing letters and words correctly, but using the right intonation. So, when practising words and sentences, mimic the rising and falling intonation of native speakers.

6 LISTENING AND READING

▶ The conversations in this book include questions to help guide you in your understanding. But you can go further by following some of these tips.

▶ **Imagine the situation.** When listening to or reading the conversations, try to imagine where the scene is taking place and who the main characters are. Let your experience of the world help you guess the meaning of the conversation, e.g. if a conversation takes place in a snack bar, you can predict the kind of vocabulary that is being used.

▶ **Concentrate on the main part.** When watching a foreign film, you usually get the meaning of the whole story from a few individual shots. Understanding a foreign conversation or reading is similar. Concentrate on the main parts to get the message and don't worry about individual words.

▶ **Guess the key words; if you cannot, ask or look them up.**

▶ When there are key words you don't understand, try to guess what they mean from the context. If you're listening to a Spanish speaker and cannot get the gist of a whole passage because of one word or phrase, try to repeat that word with a questioning tone; the speaker will probably paraphrase it, giving you the chance to understand it. If for example you wanted to find out the meaning of the word **viajar** (*to travel*), you would ask, **¿Qué quiere decir viajar?**

7 SPEAKING

▶ Rehearse in the foreign language. As all language teachers will assure you, the successful learners are those students who overcome their inhibitions and get into situations where they must speak, write and listen to the foreign language. Here are some useful tips to help you practise speaking Spanish:

▶ Hold a conversation with yourself, using the conversations of the units as models and the structures you have learned previously.

▶ After you have conducted a transaction with a salesperson, clerk or waiter in your own language, pretend that you have to do it in Spanish, e.g. *buying groceries, ordering food and drinks* and so on.

▶ Look at objects around you and try to name them in Spanish.

- ▶ Look at people around you and try to describe them in detail.
- ▶ Try to answer all of the questions in the book out loud.
- ▶ Say the dialogues out loud and then try to replace sentences with ones that are true for you.
- ▶ Try to role-play different situations in the book.

8 LEARN FROM YOUR ERRORS

- ▶ Don't let errors interfere with getting your message across. Making errors is part of any normal learning process, but some people get so worried that they won't say anything unless they are sure it is correct. This leads to a vicious circle as the less they say, the less practice they get and the more mistakes they make.
- ▶ Note the seriousness of errors. Many errors are not serious as they do not affect the meaning; for example if you use the wrong article (**el** for **la**), wrong pronouns (**¿Isabel? Lo veo todos los días.**) or wrong adjective ending (**nueva** for **nuevo**). So concentrate on getting your message across and learn from your mistakes.

9 LEARN TO COPE WITH UNCERTAINTY

- ▶ **Don't over-use your dictionary.** When reading a text in the foreign language, don't be tempted to look up every word you don't know. Underline the words you do not understand and read the passage several times, concentrating on trying to get the gist of the passage. If after the third time, there are still words which prevent you from getting the general meaning of the passage, look them up in the dictionary.
- ▶ **Don't panic if you don't understand.** If at some point you feel you don't understand what you are told, don't panic or give up listening. Either try and guess what is being said and keep following the conversation or, if you cannot, isolate the expression or words you haven't understood and have them explained to you. The speaker might paraphrase them and the conversation will carry on.
- ▶ **Keep talking.** The best way to improve your fluency in the foreign language is to talk every time you have the opportunity to do so: keep the conversations flowing and don't worry about the mistakes. If you get stuck for a particular word, don't let the conversation stop; paraphrase or replace the unknown word with one you do know, even if you have to simplify what you want to say. As a last resort use the word from your own language and pronounce it in the foreign accent.

Useful expressions

Here follows a selection of basic vocabulary. Look for correspondences with English. It is by no means enough just to learn words, of course – you need the linkages to join them together, which is what this book is about. It is a very arbitrary selection, with no particular theme, but it is quite useful to get used to the look of Spanish and, when you have studied the pronunciation guide, to begin to acquire the sounds of the language.

ADJECTIVES – SOME COMMON QUALITIES

easy	**fácil**	*difficult*	**difícil**
small	**pequeño**	*large*	**grande**
new	**nuevo**	*old*	**viejo**
young	**joven**	*short (people)*	**bajo**
tall/high	**alto**	*low*	**bajo**
long	**largo**	*short*	**corto**
good	**bueno**	*bad*	**malo**
strong	**fuerte**	*weak*	**débil**

COURTESY AND EMERGENCIES

agreed	**de acuerdo**
congratulations!	**¡enhorabuena!** (for an achievement) **¡felicidades!** (for a birthday, etc.)
it doesn't matter	**no importa/no pasa nada**
watch out!/careful!	**¡ojo!/¡atención!/¡ten cuidado!**

LANGUAGE

how does one say ...?	**¿cómo se dice ...?**
what does ... mean?	**¿qué quiere decir ...?**
more slowly, please	**más despacio, por favor**
I don't understand	**no entiendo**

MEALS

breakfast	**desayuno**
lunch (main midday meal)	**comida**
luncheon (more formal)	**almuerzo**
dinner (supper)	**cena**
afternoon tea	**merienda**

QUESTION WORDS

who?	**¿quién? ¿quiénes?**
how?	**¿cómo?**
where?	**¿dónde?**
where from?	**¿de dónde?**
how much?	**¿cuánto? ¿cuánta?**
how many?	**¿cuántos? ¿cuántas?**
whose?	**¿de quién? ¿de quiénes?**
what? which?	**¿qué?**
which? (of several)	**¿cuál? ¿cuáles?**
when?	**¿cuándo?**
*why? (**porque** – because)*	**¿por qué?**

WHEN, SAYING WHEN

the day before yesterday	**anteayer**
yesterday	**ayer**
today	**hoy**
tomorrow	**mañana**
the day after tomorrow	**pasado mañana**
last night	**anoche**
this morning	**esta mañana**
this afternoon	**esta tarde**
tonight	**esta noche**
midday	**mediodía**
midnight	**medianoche**
tomorrow morning	**mañana por la mañana**
tomorrow afternoon	**mañana por la tarde**
tomorrow night	**mañana por la noche**
a week today	**de hoy en ocho días**
a fortnight tomorrow	**de mañana en quince días**

Pronunciation guide

 00.01 If you have the recording, listen to it as you work through this introductory section. If you don't, follow the guidelines on how to pronounce certain letters and combinations of letters. Listening to and imitating native speakers is of course the best way to work on your pronunciation.

Spanish has three letters in its alphabet that do not exist as such in English.

The first is **ch**, which is pronounced as in English *church*. You will find that the words beginning with **ch** have their own section in older Spanish dictionaries, between **c** and **d**.

The second is **ll**, which is pronounced like the *lli* in *million*: Sevi**ll**a, pae**ll**a, mi**ll**ón. In older Spanish dictionaries, words beginning with **ll** have their own separate section immediately after the **l** section – **ll** is a separate letter in Spanish, though it looks like a double **l** in English.

Since 1994, words beginning with **ch** or **ll** are included in the **c** and **l** sections.

The third 'new' letter is **ñ**, which is different from **n**, and is pronounced like the *ni* in *onion*: se**ñ**or, se**ñ**orita, Espa**ñ**a. There are no common words beginning with **ñ**.

So the whole Spanish alphabet is as follows. If you have the recording, listen to how it sounds when recited in Spanish.

a b c ch d e f g h i j (k) l ll m n ñ o p q r s t u v (w) x y z

k and **w** appear only in words derived from other languages.

Spanish vowels

 00.02 Spanish vowels have very pure sounds, and only one sound each. It is important you try to get these right:

a is nearer to southern English *cup* than *cap*: c**a**s**a**, m**a**ñ**a**n**a**, S**a**l**a**m**a**nc**a**.

e as in *egg*: **E**nrique, Benav**e**nte.

i as **ee** in *feet*: f**i**no, f**i**nís**i**mo, qu**i**qu**i**r**i**qu**í** (*cock-a-doodle-doo*, pronounced keekeereekee).

o as in *pot* – never as *know* or *toe*: Pedr**o**, Rodrig**o**, Santiag**o** de Compostela.

u as in *pool*: **Ú**beda, B**u**rgos, L**u**go. But **u** is silent when it occurs between **g** and **e** or **i**: g**u**erra, g**u**ía, G**u**ernica, unless it has two dots over it: Sig**ü**enza, g**ü**isqui (*whisky*).

Spanish consonants

 00.03 Some consonants sound different in Spanish from what we are used to in English:

b and **v** tend to be the same sound – a sort of breathy **bv**: try Barcelona, Valencia, and Vizcaya, Álava, Bilbao, Villaviciosa, Benavente.

z is always pronounced **th** as in *thing*: Zamora, Zafra, Zaragoza.

c is pronounced the same way when followed by **e** or **i**: Barcelona, Valencia, Albacete. Now try: civilización.

d is much softer than in English, especially when it is final, where it becomes almost **th**: Madrid, Valladolid, El Cid.

h is silent: Huesca, Huelva, Majadahonda, Alhambra.

j is always guttural, rather like the Scottish **ch** in lo**ch**: Jaén, Jijona, José, Javier.

g is guttural like **j** when followed by an **e** or **i**: Jorge, Gijón, Gerona but 'hard' as in English *gut* when followed by **a**, **o** or **u**.

qu always sounds **k**, never **kw** – quiosco (*kiosk*), Enrique, Jadraque. (The letter **k** only exists in Spanish in a few words of foreign origin such as kilogramo, kilómetro, Kodak.)

r is always trilled – one or two flips of the tongue-tip – and **rr** is even stronger: Granada, Coruña, Rodrigo, Guadarrama, Torrejón.

The stress rules

 00.04 Spanish words are stressed on the *last syllable* if they end in a consonant other than **n** or **s**: Vallado**lid**, El Escor**ial**, Santan**der**, Gibral**tar**.

They are stressed on the *syllable before last* if they end in **n** or **s** or a vowel: Gra**na**da, To**le**do, Valde**pe**ñas.

If a word breaks either of these rules, an accent is written to show where the stress falls: Jo**sé**, Gi**jón**, ki**ló**metro, **Cá**diz, **Má**laga, civiliza**ción**. (All words ending in **-ión** bear this accent.) So if you see a written accent, you must stress the syllable where the accent is placed. The only other use of accents that you need to know is that an accent is placed on **si** to distinguish **sí** (*yes*) from **si** (*if*).

 00.05 Now practise your pronunciation by saying these place names, and check on the map, to see where they are.

1	La Coruña	14	Bilbao
2	San Sebastián	15	Pamplona
3	Burgos	16	Barcelona
4	Zaragoza	17	Valladolid
5	Tarragona	18	Zamora
6	Salamanca	19	Toledo
7	Madrid	20	Albacete
8	Cuenca	21	Cáceres
9	Badajoz	22	Córdoba
10	Sevilla	23	Almería
11	Granada	24	Cádiz
12	Málaga		
13	Santiago de Compostela		

The bare essentials

00.06 Here are the essentials which you need to learn and can also use for pronunciation practice.

Greetings:	**Buenos días**
	Buenas tardes
	Buenas noches
	Hola
Goodbyes:	**Adiós**
	Hasta luego

We talk about how these are used in Unit 1.

Courtesy phrases:

Please	**Por favor**
Thank you	**Gracias, muchas gracias**
Not at all	**De nada**
Excuse me	**Perdone**
May I?	**¿Se puede?**

(if you want to take a chair, open a window, push past some people, etc.)

| *That's enough, thank you* | **Basta, gracias** |

(Use it in a restaurant if your plate is getting too full.)

| *I don't understand* | **No entiendo** |
| *I don't know* | **No sé** |

1 ¿Quién es quién?
Who's who?

In this unit, you will learn how to:
- ▶ *say who you are.*
- ▶ *ask and say who someone else is.*
- ▶ *give your name and ask for someone else's.*
- ▶ *use basic courtesy phrases.*

CEFR: (A1) *Can establish basic social contact by using the simplest everyday polite forms of greetings and farewells, introductions, etc.*

The Spanish language

So you want to learn Spanish. Welcome, then, to one of the world's great languages! In terms of numbers, Spanish is one of the most widely spoken tongues: as well as over 46 million speakers in Spain, there are at least ten times that number in other parts of the world, principally, of course, in Central and South America. Spanish is the third most widely used language – after Mandarin and English. It is the official language of Spain, Equatorial Guinea, Mexico, Costa Rica, Cuba, Dominican Republic, El Salvador, Guatemala, Honduras, Nicaragua, Panama, Puerto Rico, Argentina, Bolivia, Chile, Colombia, Ecuador, Paraguay, Peru, Uruguay and Venezuela.

Spanish is an inflected language. That is to say that the end of a verb can change to indicate its subject and whether it is past, present or future. In other words, who does what, and when. English has lost most of its inflections, and works on a different system from Spanish, so try to avoid translating from English if you can – this is not always easy. To take the simplest of examples: if you meet an acquaintance in Spain you will not think 'what is the Spanish for *good morning*?' but move straight to **buenos días**. In other words it is the situation that triggers the Spanish, not the English phrase or sentence.

 Look at the words in bold above. Can you think of other ways of greeting someone in Spanish?

Vocabulary builder

01.01 **Look at the words and phrases and complete the missing English expressions. Then listen to the words and imitate the speakers.**

GREETINGS AND FAREWELLS

hola	_____
buenos días, señor	*good day, sir*
buenas tardes, señorita	*good afternoon, miss*
buenas noches, señora	*good _____, madam*
hasta luego	*see you later*
adiós	_____

The Spanish greetings **Buenos días**, **Buenas tardes**, **Buenas noches** do not correspond exactly to the English *Good morning/Good day*, *Good afternoon*, *Good evening/Good night*. **Buenos días** is used during the first part of the day until roughly the time of the main meal which, for most Spaniards, is around 2 p.m. or even as late as 3 p.m. After that, **Buenas tardes** is used. **Buenas noches** is used only late in the evening or when someone is going to bed. **Hola**, an informal greeting equivalent to *hello*, can be used at any time.

When saying *goodbye*, **hasta luego** is the way to say *goodbye for now* or *see you later*. **Adiós** means *goodbye*, and should be used when you don't expect to see that person again for a while.

NEW EXPRESSIONS

este señor	*this man/gentleman*
esta señora/señorita	*this woman/lady*
estos señores	*these people/ladies and gentlemen*
es	*he/she/it is, you are*
son	*they are, you are* (plural)
soy	*I am*
¿quién es?	*who is he/she/it/who are you?*
¿quiénes son?	*who are they?*
usted, ustedes	*you (often written* **Vd., Vds.,** *but pronounced* **usted**, **ustedes***)*
es	*he/she/it is, you are*
perdone	*sorry, excuse me*
de nada	*that's all right, don't mention it*
sí	*yes*
no	*no*

Conversation

01.02 Isabel is going to meet some of Paco's colleagues. Before the party, he shows her some pictures. Isabel asks Paco to tell her who various people are. Listen and follow the text.

1 What time of day is it?

Isabel	¿Quién es este señor?
Paco	Es el Sr. Ortega.
Isabel	Esta señora, ¿es Luisa?
Paco	No. No es Luisa, es Juanita.
Isabel	Y estos señores, ¿quiénes son?
Paco	Estos son los Sres. Herrero.

Later Isabel introduces herself to one of them.

Isabel	Sr. Herrero, buenas tardes.
Sr. Ortega	No soy Herrero, soy Pedro Ortega.
Isabel	Oh, perdone, señor ...
Sr. Ortega	De nada, señorita. Y ¿quién es Vd.? Es Isabel, ¿no?
Isabel	Sí, soy Isabel.

2 Find the expressions in the conversation that mean:
  a Who is this man?
  b Is this woman Luisa?
  c Good afternoon, Mr Herrero.
  d Oh, I'm sorry, sir.
  e Who are you?

  Now cover up your answers and see if you can say them without looking at the conversation.

3 Match sentences a–e with sentences 1–5.
  a ¿Quién es esta señora?   **1** Hola, Sr. Díaz.
  b Este señor, ¿es el Sr. Herrero? **2** No, es el Sr. Gómez.
  c Vd. es Pedro, ¿no?   **3** Es la Sra. Acosta.
  d Buenos días, Srta. Molina.   **4** No, soy Luis.
  e Perdone, Clara.   **5** De nada, Pepe.

 Language discovery

Look at the conversation and try to answer these questions.

a **Señor** means *Mr*. What letter is added to change it to *Mrs*?
b **Este** and **esta** mean *this*. Find the word that means *these*.
c Find the questions in the conversation. How many question marks are used?
d One word for *you* is **usted**. How is it abbreviated?

1 MASCULINE AND FEMININE WORDS

In the conversation, you encountered **este señor** and **esta señora**. **Este** and **esta** are the masculine and feminine forms of the same word, which we have to use because **señor** is masculine and **señora** is feminine. All names of things in Spanish are either masculine or feminine, not only the obvious ones like *man* and *woman*, *boy* and *girl*. This distinction is known as the gender of the word. You can often tell a word's gender from its ending: For example, almost all words ending in **-o** are masculine, and those ending in **-a** are mostly feminine. Gender is important because it affects other words in a sentence. There is more on this in the next unit. Don't worry if this is a new idea that seems strange – in practice it causes no great difficulty in Spanish.

2 ESTOS *THESE*

Estos is used with plural words referring to several masculine things/ people or to a mixed group of things/people, e.g. **estos señores**, meaning *these men* or *these men and women*.

3 QUESTIONS

In Spanish, it is easy to make a question. One way is to add **¿no?** to the end of the statement, remembering to raise your voice to give a questioning tone at the end of the sentence. This has the same effect as using *isn't it*, *aren't you*, etc. in English.

Vd. es Isabel.	*You are Isabel.*
Vd. es Isabel, ¿no?	*Are you Isabel?*

Another way is to turn **Vd. es**, **Vds. son** round:

¿Es Vd. Isabel?	*Are you Isabel?*
¿Son Vds. los Sres. Herrero?	*Are you Mr and Mrs Herrero?*

You will have noticed that in written Spanish two question marks are used to identify a question – an inverted one at the beginning as well as the standard one at the end. If only part of the sentence is really the question, the question marks go round that part, as in **Vd. es Isabel, ¿no?** Exclamation marks work in the same way:

Paco, ¡es Vd.! *Paco, it's you!*

4 FORMAL 'YOU'

Usted (plural **ustedes**) means *you*, and is used except when talking to people you know very well or to children (or animals or God). In writing it is often abbreviated to **Vd.** (plural **Vds.**) It can be omitted if the context is clear. There is another, less formal, way of saying *you*, but you won't need this again until Unit 10. But it would be useful at this point to read the first paragraph of Unit 10.

5 HOW TO USE THE NEGATIVE

When you want to say that something is *not* the case, simply put **no** before the word that tells you what is happening (the verb). You have in fact already seen this in **No, no es Luisa** and **No soy Herrero.**

 Practice

1 **How would you greet the following people at the times shown?**
   a a male business acquaintance, at 10 a.m.
   b a girl you know well, at 1 p.m.
   c an older couple you have met a few times, at 6 p.m.
   d a friend at a party, at 9 p.m.
   e your family when you are going to bed, at 11 p.m.

2 **Someone asks you to tell them who the following characters are. Give answers using the information in brackets.**
   a ¿Quién es este señor? (Paco)
   b ¿Quién es esta señorita? (Isabel)
   c ¿Quién es esta señora? (Sra. Ortega)
   d ¿Quiénes son estos señores? (Sres. Herrero)
   e Este señor, ¿es Pedro? (Paco)
   f Esta señorita, ¿es Luisa? (Isabel)
   g Estos señores, ¿son los Sres. García? (Sres. Alba)

3 **Turn the following statements into questions by adding ¿no? in a, b, c and changing the order of the words in d and e.**

a Estos señores son los Sres. Méndez.

b Este señor es Paco.

c Esta señorita es Juanita.

d Vd. es Paco.

e Vds. son los Sres. Alba.

Conversation

 01.03 *This time Paco is invited as a guest to Isabel's party, and he won't know everyone there. He asks her to identify a few people from her photo album. Read the first conversation again. Then listen and follow this conversation.*

1 **Who do you think has a better memory – Paco or Isabel?**

Paco	¿Cómo se llama esta señorita?
Isabel	Se llama Ana.
Paco	Y este señor, ¿cómo se llama?
Isabel	Éste es el Sr. Carrera.
Paco	Estos señores, ¿quiénes son?
Isabel	Son los Sres. Alba.

At the party Paco introduces himself to Mr and Mrs Alba.

Paco	Buenas tardes, señores. Me llamo Paco. Vds. son los Sres. Alba, ¿no?
Sra. Alba	Sí, somos los Alba.

2 **Review the expressions below. Then match them to the English meaning.**

> You don't add the plural –s to surnames, unlike English (the Smiths, etc.); in Spanish they would be **los Smith.**

a ¿Cómo se llama esta señorita?

b Se llama Ana.

c Estos señores, ¿quiénes son?

d Son los Sres. Alba.

e Me llamo Paco.

f Vds. son los Sres. Alba, ¿no?

g Somos los Alba.

1 Who are these people?

2 Are you Mr and Mrs Alba?

3 We are the Albas.

4 They are the Albas.

5 What's this woman's name?

6 Her name is Ana.

7 My name is Paco.

 Language discovery

Look again at the conversation and complete these exchanges with the words in the box.

es   Es   somos   son   son   Son

a A: ¿_____ Vds. los Sres. Soto?
   B: No, _____ los Sala.
b A: ¿Quiénes _____ estos señores?
   B: _____ los Roda.
c A: ¿Quién _____ este señor?
   B: _____ el Sr. Mendoza.

1 ME LLAMO *MY NAME IS*

One way of identifying yourself and other people is to use **me llamo** *I am called* or *my name is*, and **se llama** *he/she is called, you are called*. To ask someone's name, use the word **¿Cómo?** at the beginning of the question:

¿Cómo se llama?   *What is his/her/its name?/ what is he/she/it called?*

¿Cómo se llama Vd.?   *What is your name?/what are you called?*

2 MORE ON QUESTIONS

You will have seen that question words or 'interrogatives', as they are known, such as **¿quién?** *who?* and **¿cómo?** *how?*, have an accent. This is not to indicate where the stress falls (see **Pronunciation guide**) but to show that the word is being used in a question, not in a statement. You will find them used without accents in most statements.

1 **Give the questions to which these would be answers.**

  a Me llamo Paco.

  b Se llama Isabel.

  c Me llamo Sra. Méndez.

  d Se llama Sr. Méndez.

  e No. No me llamo Pedro. Me llamo Paco.

  f No. No se llama Luisa. Se llama Isabel.

  g Sí. Somos Pedro y Conchita Ortega.

2 **Fill in the grid, using the clues given, and column A will reveal a word you will use on your departure from Spain.**

  a a way of introducing yourself

  b what you would say if you bumped into someone

  c you're trying to find out who someone is

  d a greeting used between friends

  e you have to go, but you'll be back soon – what would you say?

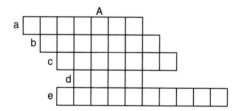

 Speaking

1 **Use what you know to say:**
   a My name is (your first name).
   b My name is (your first name + last name).
   c My name is (your title: Sr./Sra./Srta. + first name + last name).

2 **Read and listen to the earlier conversations again. Then read them out loud, trying to copy the pronunciation on the audio.**

Reading and writing

1 **Read the email below. Can you figure out the meaning of the following words and phrases?**
   a vivo
   b mi mejor amigo
   c vive

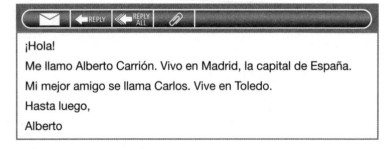

¡Hola!

Me llamo Alberto Carrión. Vivo en Madrid, la capital de España.

Mi mejor amigo se llama Carlos. Vive en Toledo.

Hasta luego,

Alberto

2 **Answer the questions.**
   a What is his name?
   b Where does he live?
   c What is his best friend's name?
   d Does his best friend live in the capital?

 3 **Now write a response using what he has written as a model.**

🔎 Test yourself

How would you do the following?

1 Ask someone who they are (two ways).

_____

_____

2 Tell someone who you are (two ways).

_____

_____

3 Check with someone 'Is your name ...?'

_____

4 Apologize because you've knocked over a girl's drink.

_____

5 Identify a couple as Mr and Mrs Méndez.

_____

REMEMBER

1 to pronounce the letter **o** as in _pot_, _drop_, not as in _toe_, _snow_.
2 to use the forms **me llamo**, **se llama** accurately.

SELF CHECK

	I CAN...
○	. . . say hello and goodbye.
○	. . . ask and say who someone else is.
○	. . . give my name.
○	. . . ask for and give someone else's name.
○	. . . identify myself and another person.

¿De dónde es?
Where are you from?

In this unit, you will learn how to:
▶ *ask where people are from.*
▶ *find out someone's nationality and tell them yours.*

CEFR: (A1) *Can understand sentences and frequently used expressions related to their own and other people's country of origin*

The people of Spain

Within Spain, it is important to be aware of the strong regional – or some would say national – sensibilities, particularly in those regions which still use their own separate languages, such as Cataluña and the Basque country. People from the Basque country are likely to think of themselves as Basques rather than Spaniards and will say: **Soy vasco**, **Soy vasca**, **Soy de Euskadi**. (**Euskadi** is the Basque word for the Basque region.) Catalans also tend not to identify themselves first as **españoles**, and will say: **Soy catalán**, **Soy catalana**, **Soy de Cataluña**, **Somos catalanes**, **Somos de Cataluña**.

The Basque language is quite different from Spanish. It is a very ancient language and exceptionally difficult to learn. Catalan, too, is a separate language from Spanish and has to be learned separately, but unlike Basque, it is closely related to Spanish as it also derives from Latin. Sometimes the Spanish language is referred to as **castellano**. A man from Barcelona, the capital of Cataluña, might say: **Soy de Barcelona. Soy barcelonés. Soy catalán y tambien español. Hablo catalán y también castellano.**

In the early 1990s, the population of Spain was made up almost entirely of Spaniards, with immigrants accounting for less than 1 per cent of residents. That has changed drastically since the start of the 21st century: 5.6 million non-Spaniards were registered as living in the country in 2010, accounting for 12 per cent of the population. The past decade has seen an influx from around the world – mainly from other European countries, such as Romania and the U.K., but also from South America and North Africa.

Look at the words in bold above. What does Soy de Euskadi mean? What do you think Hablo castellano means?

Vocabulary builder

02.01 Look at the names of the cities, and try to pronounce them. Then listen to these words and repeat them.

SPAIN'S MAJOR CITIES

Madrid
Barcelona
Valencia
Sevilla
Zaragoza
Málaga
Murcia
Palma de Mallorca
Las Palmas
Bilbao

Now pretend that you're from Madrid and you have nine Spanish friends – each from one of the cities above. Say where you're from and make up names for your friends from other cities. For example: Soy de Madrid. Josefina es de Barcelona. etc.

NEW EXPRESSIONS

¿de dónde es ...?	*where is ... from?*
¿de dónde son ...?	*where are ... from?*
también	*also*
madrileño	*from Madrid, a man/person from Madrid*
madrileña	*from Madrid, a woman from Madrid*
¿verdad?	*right? isn't that right?*
los dos	*the two, both of them*

Conversation

02.02 *In Unit 1, Paco was at Isabel's party. He's still there, meeting some more of Isabel's friends. Listen and follow the text. Then listen again and repeat the conversation.*

> **LANGUAGE TIP**
> You can use **¿no?** instead of **¿verdad?** to be less formal.

1 Do you think Paco and Ana know each other?

Sra. Méndez	¿De dónde es, Paco?
Paco	Soy de Madrid. Soy madrileño. Y ¿Vd.?
Sra. Méndez	Soy de Madrid también. Soy madrileña.
Paco	Y Ana, es española, ¿verdad?
Sra. Méndez	Sí, es española, es catalana. Los Sres. Alba son españoles también.
Paco	¿De dónde son?
Sra. Méndez	Son de Sevilla los dos.

2 Read or listen to the conversation again and answer the questions below in Spanish.

  a Where is Paco from?
  b Where is Mrs Méndez from?
  c What region is Ana from?
  d Where are Mr and Mrs Alba from?
  e What nationality are the speakers?

> **LANGUAGE TIP**
> Capitalize the names of cities and countries, but not nationalities.

3 Do you remember the meanings of the words and expressions in the conversation? Cover the conversation and complete the following sentences. (Don't forget to include accent marks!)

  a A: ¿De _____ es, Sr. Soto?
      B: Soy _____ Barcelona. Y ¿_____?
      A: Soy de Barcelona _____. Soy barcelonés.
  b A: Alberto es de Madrid, ¿_____?
      B: No, Alberto no es _____. _____ de Zaragoza.

# Language discovery

Read the information and complete the sentences with the words in the box. Use capital letters when necessary.

españa	español	española	españoles	un	una

a Paco es _____ y la Sra. Méndez es _____ .

b Paco es _____ señor español y la Sra. Méndez es _____
señora española. Son de _____ .

c Son _____ los dos.

1 NATIONALITY

To say your nationality or someone else's, use the words **soy**, **es**, **somos**, **son** as you did to identify people, and add the nationality description: **soy inglés, es español/española**. Note that the ending of the nationality word must change according to the gender of the person described. It also changes if you are talking about more than one person: **somos americanos, son franceses**. Here are a few examples with the masculine, feminine and plural forms:

> **SPELLING TIP**
> Words that are stressed on the last syllable have a written accent mark if they end in **n, s** or a vowel. Note that nationalities which end in **s** in the masculine form, e.g. **francés**, lose the accent in the feminine (**francesa**) and plural forms (**franceses/francesas**); this is because the stress is now on the next-to-last syllable.

country	masculine	feminine	plural
América	americano	americana	americanos
Australia	australiano	australiana	australianos
Italia	italiano	italiana	italianos
Francia	francés	francesa	franceses
Escocia	escocés	escocesa	escoceses
Irlanda	irlandés	irlandesa	irlandeses
Alemania	alemán	alemana	alemanes
Polonia	polaco	polaca	polacos

If everyone in a group is female, you would use **italianas, irlandesas, polacas,** etc.

These nationality words are also the ones you use when you want to say *a Spanish woman, a Frenchman*, etc. **Un francés** means *a Frenchman*.

2 HOW TO SAY 'A, AN': *UN, UNA*

The word for *a* in Spanish is **un**. It changes to **una** when used with a feminine word. Note also that in the sort of phrases shown in the first three examples below, the descriptive word *follows* the word for the person in Spanish:

un señor español	*a Spanish man*
una chica francesa	*a French girl*
una señora vasca	*a Basque lady*
un irlandés	*an Irishman*
una inglesa	*an Englishwoman*

So the word for *a* has two forms, **un** and **una**; in general (and there are exceptions – see below), you use **un** with a word ending in **-o** (masculine) and **una** with a word ending in **-a** (feminine). Words ending with other letters have to be learned as you go.

Some of the exceptions are: **mano – una mano** *(a hand)*; **radio – una radio**; **día – un día** *(a day)*.

Drama, programa, problema, sistema, mapa are all masculine. What do these words mean?

 Practice

1 Follow the instructions.

a Say where you are from.
b Say that you are English (or whatever).
c Say that you are not Spanish.
d Ask Paco if he is Spanish.
e Ask Isabel if she is Spanish.
f Ask Isabel where she is from.
g Ask the Sres. Méndez where they are from.
h Ask the Sres. Méndez if they are from Madrid. (What will they answer?)

Q: _____

A: _____

i Ask the Sres. Méndez if they are Spanish. (What will they answer?)

Q: _____

A: _____

j Say that you and your companion are English.
k Say that you and your companion are not Spanish.

All Spaniards are very attached to their home region, even if they have moved away from it. It is in recognition of this regional loyalty that Spain is divided into autonomías or regions with a good deal of local self-government. Local pride is also evident in people's attachment and loyalty to their home town or city. Unlike in English, where we only have a few words like *Londoner* or *Mancunian*, Spanish has a word for the inhabitants of all towns of any size.

 2 02.03 **Say where the following are from. Note: un sevillano = *a man from Sevilla*. Not all of them are obvious, so first match the two columns or look back at the map in the Introduction.**
Example: Un sevillano es de Sevilla.

a sevillano	**i** tarraconense	Barcelona	Salamanca
b madrileño	**j** toledano	Burgos	San Sebastián
c barcelonés	**k** salmantino	Cádiz	Sevilla
d granadino	**l** vallisoletano	Córdoba	Tarragona
e cordobés	**m** zamorano	Cuenca	Toledo
f malagueño	**n** conquense	Granada	Valladolid
g burgalés	**o** gaditano	Madrid	Zamora
h zaragozano	**p** donostiarra	Málaga	Zaragoza

Conversation

Antonio and Sarah are meeting for the first time. Read the conversation twice and answer the questions.

1 What three languages does Sarah speak?

Antonio	Vd. habla inglés, ¿verdad?
Sarah	Sí, hablo ingles.
Antonio	¿Es Vd. norteamericano?
Sarah	No, no soy americano. Soy canadiense. Y Vd. es catalán, ¿verdad?
Antonio	Sí, barcelonés. Hablo catalán. ¿Entiende Vd. catalán?
Sarah	No, no entiendo catalán. Hablo francés y español.
Antonio	Vd. habla español muy bien.
Sarah	Muchas gracias.

2 Find the expressions in the conversation that mean:

a North American   **d** You speak Spanish very well.

b Do you understand catalan?   **e** Thank you very much.

c I don't understand catalan.

3 Make these sentences true by adding the word no where necessary.

a Michael es norteamericano.   **c** Michael entiende catalán.

b Antonio es madrileño.   **d** Michael habla español muy bien.

 # Language discovery

We use Hablo español to say *I speak Spanish*. How would you say *She speaks Spanish very well?*

LANGUAGES

The masculine singular form of the nationality description, e.g. **español**, is also the name of the language. So to say that you can speak English and Spanish, you say: **Hablo inglés y español.** To say that someone else speaks Spanish, you would say: **Habla español.** When you have introduced yourself to a Spanish person or asked their name, using what you have learned in Unit 1, they may well encourage you by saying **Habla español muy bien:** *You speak Spanish very well.* Remember that in Spanish there is no capital letter on the word for your nationality or the name of the language, only on the name of the country itself – **español, española, españoles, España.**

Practice

1 The names of seven languages are hidden in this word search. Five are ones that you have encountered in this unit, but there are two that you should be able to guess. The words run across, down, up, backwards and diagonally.

I	G	O	E	R	M	C	P
T	O	S	S	L	A	R	A
A	L	U	P	T	W	S	N
L	F	R	A	N	C	E	S
I	P	L	N	O	R	L	E
A	A	R	O	T	P	G	N
N	Z	M	L	I	F	N	A
O	P	S	E	B	L	I	D

2 Various people are stating their cities of origin and their native language. Match the sentences on the left with the sentences on the right.

a Soy de Berlín.
b Soy de Londres.
c Soy de Buenos Aires.
d Soy de Barcelona.
e Soy de París.

1 Hablo inglés.
2 Hablo francés.
3 Hablo catalán.
4 Hablo alemán.
5 Hablo español.

 Speaking

Complete the conversation with Rafaela so it's true for you. Play your part to complete the dialogue.

Rafaela	Vd. habla inglés, ¿verdad?
a You	*Say yes, you speak English.*
Rafaela	¿Es Vd. norteamericano/norteamericana?
b You	*Tell her your nationality. Then ask where she's from.*
Rafaela	Soy barcelonesa. Hablo catalán. ¿Entiende Vd. catalán?
c You	*Say no, you don't understand catalan. You speak German and Spanish.*
Rafaela	Vd. habla español muy bien.
d You	*Say thank you very much.*

Reading and writing

1 **Connie is introducing herself to Víctor before visiting him on an exchange program. Read the email below. Can you work out the meaning of the following words?**
   a familia
   b un poco de
   c pero

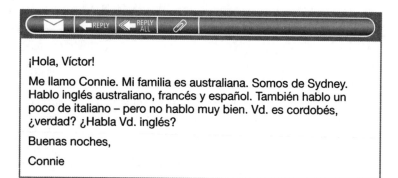

¡Hola, Víctor!

Me llamo Connie. Mi familia es australiana. Somos de Sydney. Hablo inglés australiano, francés y español. También hablo un poco de italiano – pero no hablo muy bien. Vd. es cordobés, ¿verdad? ¿Habla Vd. inglés?

Buenas noches,

Connie

2 **Answer the questions in Spanish.**
   a What is the writer's name?
   b What is her family's nationality?
   c Where are they from?
   d What kind of English does she speak?
   e What other languages does she speak?
   f Which language does she speak badly?
   g What time of day was it when she wrote the email?
   h Where does the writer think Víctor is from?

 3 **Now write a response from Víctor introducing himself using what she has written as a model.**

 Test yourself

How would you do the following?

1 Say where you are from (which town or city).

_____

2 Say what nationality you are.

_____

3 Say what language(s) you speak.

_____

4 Tell someone he/she speaks English very well.

_____

5 Ask someone where he/she is from.

_____

6 Ask someone if he/she is Spanish/English, etc.

_____

7 Give the masculine and feminine forms to describe people from:
   a España _____ _____   **d** Euskadi _____ _____
   b Escocia _____ _____   **e** Alemania _____ _____
   c Cataluña _____ _____   **f** Irlanda _____ _____

REMEMBER

The forms of *to be* that you have seen: **soy** (*I am*), **es**, **Vd. es** (*he/she is, you are*), **somos** (*we are*), **son**, **Vds. son**, (*they are, you* (plural) *are*). **Soy, es, somos, son** are forms of **ser**, an important verb.

SELF CHECK

I CAN...
. . . ask where people are from.
. . . give my nationality.
. . . say which language(s) I can speak.
. . . thank someone when given a compliment.

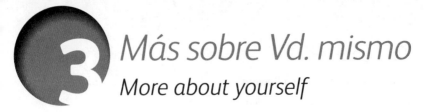

Más sobre Vd. mismo
More about yourself

In this unit, you will learn how to:
▶ *say where you live and work.*
▶ *ask others where they live.*
▶ *ask others what they do and where they do it.*
▶ *give your address.*
▶ *use numbers 0–20.*

CEFR: (A1) *Can ask and answer questions about personal details such as where he/she lives and works*

Street name culture

Street names can be fascinating. In the centre of Madrid, painted tiles carry the names of streets with illustrative pictures. La calle de Cuchilleros (Cutler Street) has knives, swords and a mounted knight brandishing his sword. La calle de San Cristobal (St Christopher Street) has a picture of the saint with the Infant Jesus on his shoulder, and the sign for la calle de Calderón de la Barca (Calderón de la Barca Street) bears a bust of the famous seventeenth century Spanish dramatist and poet.

It is quite normal in Spain for streets to be named after men, and to a lesser extent women, of literature, the arts and sciences, as well as political and military figures, both Spanish and international.

Any idea who these streets are named after? If not, look them up.
   1 La calle Goya
   2 La calle Meléndez Valdés
   3 La calle Almagro

Vocabulary builder

03.01 Look at the words and phrases and complete the missing English expressions. Then listen to these words and repeat them.

PLACES

una oficina	_____
un apartamento	*a small flat*
un piso	*a flat*
un colegio	*a secondary school*
una agencia de turismo	*a travel agency*
un hospital	_____
un café	_____
un teatro	_____

The missing words in the list above are cognates, or words that are similar in English and Spanish. Cognates can sometimes get us into trouble, however. Be extra careful to pronounce them with Spanish sounds – not English. What are two big differences between the pronunciation of *hospital* (English) and **hospital** (Spanish)?

NEW EXPRESSIONS

vive	*lives*
la familia	*the family*
y trabaja	*and works*
en	*in*
como	*as*
pequeño	*small*
pero	*but*
la calle	*the street*
muy	*very*
con	*with*
grande	*big, large*

Reading

 03.02 *Listen to or read the following passage about Paco and Isabel. Key words are given in the vocabulary list, but you should be able to guess the meaning of the words for Paco's and Isabel's jobs.*

1 Who works for an airline – Paco or Isabel?

> Paco vive y trabaja en Madrid. Isabel vive y trabaja en Madrid también. Paco trabaja como arquitecto en una oficina de la calle Goya. Isabel trabaja como administradora en la oficina de Iberia – Líneas Aéreas de España – en la calle María de Molina.
>
> Paco trabaja en la calle Goya, pero vive en la calle Meléndez Valdés, en un apartamento. Isabel vive con la familia en un piso de la calle Almagro. El apartamento de Paco es pequeño, pero el piso de la familia de Isabel es muy grande.

2 Respond to the following statements, choosing Verdad or Falso. What do you think verdad and falso mean?

		Verdad	Falso
a	Isabel vive en Madrid.		
b	Paco vive con la familia de Isabel.		
c	Isabel trabaja en un colegio.		
d	Paco trabaja como profesor.		
e	La oficina de Paco está en Goya.		
f	Paco vive en la calle Meléndez Valdés.		

 3 03.03 **Answer the questions.**
   a ¿Dónde trabaja Paco?
   b ¿Dónde vive Paco?
   c ¿Dónde trabaja Isabel?
   d ¿Dónde vive Isabel?
   e ¿Vive Paco en un piso grande?
   f ¿Vive Isabel en la calle Goya?
   g ¿Quién vive en la calle Meléndez Valdés?
   h ¿Quién trabaja en María de Molina?
   i ¿Trabaja Paco como administrador?
   j ¿De quién es la oficina en María de Molina?

Language discovery

Find the following words in the Reading section. What words come before them?

a _____ calle _____

b _____ piso _____

Which word is masculine? Which is feminine?

1 HOW TO SAY 'THE': *EL, LA, LOS, LAS*

In Unit 2, you found that there are two Spanish words for *a* and *an*: **un** and **una**, used according to the gender of the word to which they are attached. Spanish also has more than one word for *the*: **el** is used with masculine words, and **la** with feminine words. So we have:

el apartamento	**el piso**	**el arquitecto**	**el señor**
la oficina	**la familia**	**la señora**	**la calle***

(*Remember that not all feminine words end in **-a**!)

When *the* precedes a plural word, two new forms are needed. **El** becomes **los** and **la** becomes **las**. So we have:

los apartamentos	**los pisos**	**los arquitectos**	**los señores**
las oficinas	**las familias**	**las señoras**	**las calles**

As you may remember from Unit 1, when you are talking about a person by their name and title, you need to use the definite article (**el**, **la**, **los** or **las**), for example:

El Sr. Méndez no entiende alemán.	*Mr Méndez doesn't understand German.*
La Srta. Carrera es madrileña.	*Miss Carrera is from Madrid.*
Los Sres. Alba son sevillanos.	*Mr and Mrs Alba are from Seville.*

However, when talking to a person face to face, the definite article is not needed, unless you are asking them who they are.

Sr. Méndez, ¿habla Vd. inglés?

Buenos días, Srta. Carrera.

¿Son Vds. los Sres. Alba?

2 WHAT DO YOU DO? *¿QUÉ HACE VD.?*

There are two easy ways of asking what work someone does. One way is to ask **¿Qué hace Vd.?** *What do you do?* Many of the replies may sound similar to English, but in Spanish most of them have a masculine or feminine form. Here are a few examples of what a person might say when you ask them **¿Qué hace Vd.?**

	masculine	feminine	
Soy	actor	actriz	*actor/actress*
Soy	profesor	profesora	*teacher*
Soy	administrador	administradora	*administrator*
Soy	camarero	camarera	*waiter/waitress*
Soy	director de empresa	directora de empresa	*company director*
Soy	enfermero	enfermera	*nurse*

Some words for occupations are the same whether they refer to a man or a woman. These include those ending in **-ista** or **-e**, such as:

un/una taxista	*a taxi driver*
un/una artista	*an artist*
un/una periodista	*a journalist*
un/una contable	*an accountant*
un/una intérprete	*an interpreter*
un/una estudiante	*a student*

The other way to ask about a person's job is to say **¿Dónde trabaja Vd.?** *Where do you work?* Here are various possible answers to this question:

Trabajo en una oficina.	*I work in an office.*
Trabajo en una agencia de turismo.	*I work in a travel agency.*
Trabajo en un colegio.	*I work in a school.*
Trabajo en un hospital.	*I work in a hospital.*
Trabajo en casa.	*I work at home.*

Note that **¿Dónde?** and **¿Qué?** are two more examples of words that need accents when they are used to ask a question.

Practice

1 **Complete the sentences with el, la, los or las.**

   a _____ apartamentos son generalmente pequeños.

   b ¿Dónde trabaja _____ arquitecto?

   c Isabel vive con _____ familia.

   d ¿Dónde están _____ oficinas de Isabel y Paco?

   e _____ Sres. Méndez son españoles.

   f Paco vive en _____ calle Meléndez Valdés.

   g _____ piso donde vive Isabel es muy grande.

2 **Try to translate these sentences. Pay close attention to the names of the people and their genders.**

   a José is a waiter.

   b Mrs Duarte is an accountant.

   c Inés is a journalist.

   d Mr Fernández is a taxi driver.

   e Antonio is an actor, Laura is an actress.

   f Carola is an interpreter, and Juan is a student.

3 **Match each of the professions on the left with one of the workplaces on the right. Some places will be used for more than one answer.**

   a Es profesor – trabaja en _____.   un café

   b Soy administradora – trabajo en _____.   un hospital

   c Soy enfermera – trabajo en _____.   un colegio

   d Es arquitecto – trabaja en _____.   una oficina

   e Es actriz – trabaja en _____.   un teatro

   f Soy camarero – trabajo en _____.

Conversation

 03.04 *Paco and Isabel are being asked by Ricardo where they live and work. Listen to or read the conversation twice before studying the rest of the unit to see how to talk about where you live.*

1 Who gives a more complete address – Paco or Isabel?

Ricardo	¿Dónde vive Vd., Isabel?
Isabel	Vivo en Madrid, en la calle Almagro.
Ricardo	¿Y dónde trabaja?
Isabel	Trabajo en la calle María de Molina.
Ricardo	¿Y Vd., Paco?
Paco	Vivo en Madrid también.
Ricardo	¿Dónde en Madrid?
Paco	En la calle Meléndez Valdés, número cinco, tercero D.
Ricardo	¿Y trabaja Vd. en Madrid?
Paco	Sí, trabajo en la calle Goya.

2 Find the expressions in the conversation that mean:
   a Where do you live?
   b And where do you work?
   c I live in Madrid, too.
   d Where in Madrid?
   e And do you work in Madrid?

Now cover up your answers and see if you can say them without looking at the conversation.

Language discovery

Look at the verbs in Ricardo's questions (vive, trabaja). Then notice the verbs in Paco's and Isabel's responses. What's the difference?

1 'I WORK, I LIVE, I ...'

Trabajo and **vivo** mean *I work* and *I live*. When you want to say 'I' do something, you will find that the word almost always ends in **-o**, as in several examples you already know: **hablo, me llamo, entiendo**. There are a very small number of exceptions to this rule, one of which is the word for *I am* – **soy**.

2 NÚMEROS 0–20 *NUMBERS 0–20*

0 **cero**	6 **seis**	11 **once**	16 **dieciséis**
1 **uno**	7 **siete**	12 **doce**	17 **diecisiete**
2 **dos**	8 **ocho**	13 **trece**	18 **dieciocho**
3 **tres**	9 **nueve**	14 **catorce**	19 **diecinueve**
4 **cuatro**	10 **diez**	15 **quince**	20 **veinte**
5 **cinco**			

03.05 **Learn these thoroughly. Practise them not only in order but at random to help you remember them.**

3 ¿DÓNDE VIVE? *WHERE DO YOU LIVE?*

Depending on the context, you might need to give only a vague reply such as **Vivo en Madrid** or **Vivo en Londres**. On some occasions, however, you may need to give your address, and for visiting Spanish friends or places, you will certainly need to understand when someone tells you theirs.

Here is a typical address (**una dirección**).

La dirección de Isabel es:

> Señorita Isabel Ballester García
> Almagro 14, 6° A
> 28010 Madrid
> España

Notice you do not need to use the word **calle**, although other words, such as **avenida**, **plaza**, **paseo**, are usually not omitted. The figure **6° A** stands for **sexto** A, i.e. the sixth floor, flat A. 28010 is the code for Madrid (28) and the district (010).

Practice

1 **Complete the following questions. Say your answers out loud. If it helps, write them down first.**

   a Ask Isabel where she lives. (What will she answer?)

Q: _____

A: _____

   b Ask Isabel where she works. (What will she answer?)

Q: _____

A: _____

   c Tell Paco you also live in a small apartment.
   d Tell Isabel you also work in an office.
   e Tell her you do not speak Spanish very well yet (**todavía**).
   f Give your nationality and say what language you speak.

2 **The written numbers 0–12 are all – except one – hidden in this wordsearch. They are written backwards, up, down and diagonally as well as across. What is the missing number?**

L	C	U	A	T	R	O	N
O	T	P	O	R	E	C	R
Z	C	L	T	E	C	N	O
E	O	H	V	S	E	I	S
I	N	E	O	C	C	C	A
D	U	D	N	T	O	M	L
N	R	O	E	A	D	I	P

Speaking

1 **Pretend you are Paco. Go back to the Reading section. Use what you know to answer these questions.**

   a ¿Dónde vive Vd.?
   b ¿Trabaja Vd. en Madrid?
   c Vd. trabaja como profesor, ¿no?
   d ¿Y dónde trabaja su amiga Isabel?
   e ¿Vive Isabel en Madrid también?
   f ¿Dónde en Madrid?

2 **Now talk about yourself. Where do you live and work?**

Reading and writing

 1 **Read the introduction below. Can you work out the meaning of the following words?**

   a Saludos

   b ingeniero

   c Voy

   d días

   e semana

   f otros

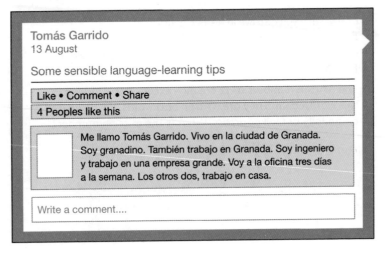

Tomás Garrido
13 August

Some sensible language-learning tips

Like • Comment • Share

4 Peoples like this

> Me llamo Tomás Garrido. Vivo en la ciudad de Granada.
> Soy granadino. También trabajo en Granada. Soy ingeniero
> y trabajo en una empresa grande. Voy a la oficina tres días
> a la semana. Los otros dos, trabajo en casa.

Write a comment....

2 **Answer the questions.**

   a What is his name?

   b Where does he live?

   c Does he also work there?

   d What is his occupation?

   e How many days does he work at home?

 3 **Now write your own introduction using what he has written as a model.**

 Test yourself

How would you do the following?

1   Count backwards from 20 to zero.

_____

2   Say where Isabel lives.

_____

3   Ask Isabel what she does and where she works.

_____

4   Say that you are a company director.

_____

5   Say where you live and where you work.

_____

REMEMBER

If you are talking about or to a third person (**Paco**, **Isabel** or **Vd.**), the verb will always end in **a** or **e** (**habla**, **trabaja**, **vive**, **hace**). Talking in the first person, the verb will end in **o** (**hablo**, **vivo**) except **soy** and one or two others.

SELF CHECK

I CAN...
...say where I live and work.
...ask others what they do and where they work.
...count from 0 to 20.

¿Cómo está Vd.?
How are you?

In this unit, you will learn how to:
▶ *ask after others' health and respond to queries about your own.*
▶ *describe people and things.*
▶ *say where things are.*

CEFR: (A1) *Can recognize and produce familiar words and basic phrases concerning self, family and concrete surroundings; can ask how people are*

 Latin influences

In this unit, you will be studying two Spanish verbs for *to be*. Why are there two? The answer lies in Spain's Roman inheritance.

When Hannibal's armies were threatening Rome in 209BC, the Roman commander Scipio was sent to attack his bases in Spain. Thus began Rome's domination of the country. In time, Iberia became Rome's most important colony and Roman civilization firmly implanted. The language of Iberia was the Vulgar Latin spoken by the legionaries. Spanish has evolved from this and its two verbs *to be* come from Latin **esse** (*to be*) and **stare** (*to stand*). From **stare** come **estoy** (*I am*), **está** (*you are, he/she/it is*), **estamos** (*we are*), **están** (plural *you are, they are*) and the use of the verb to indicate position or a temporary state. From **esse** come **soy** (*I am*), **es** (*you are, he/she/it is*), **somos** (*we are*), **son** (plural *you are, they are*), used to indicate characteristics.

Which of the following sentences indicates a) position, b) temporary state, c) a characteristic?

1 Pedro no está contento.
2 El señor Herrero está en Madrid.
3 El piso es pequeño.

Vocabulary builder

04.01 Look at the words and complete the missing English expressions. Then listen to these words and repeat them.

DESCRIPTIVE WORDS

casado	*married*
soltero	*single*
cansado	*tired*
importante	_____
interesante	_____
inteligente	_____
tímido	_____
simpático	*nice*

Look at the words in the list above. Notice that the masculine form is given. What is the feminine form of each of the words?

There is a word in the list that looks like an English word but has a different meaning in Spanish. What is it?

NEW EXPRESSIONS

estoy de vacaciones	*I am on holiday*
están	*they are/you are* (plural)
estoy contento (m)	*I am pleased/happy*
estoy contenta (f)	*I am pleased/happy*
estamos contentos	*we are pleased/happy*
aquí	*here*
todo/toda/todos/todas	*all, every*
magnífico	*magnificent*
millonario	*millionaire*
estoy seguro (m)	*I am sure*
estoy segura (f)	*I am sure*

Monologue

04.02 Imagine a man boring someone on the beach with the following monologue. He doesn't wait for many answers, but notice how he switches from one group of words to the other according to the context. Try to figure out the context for each.

1 Is the person the man is speaking to on holiday?

> Me llamo Luis Azuri. **Soy** argentino, pero en este momento **estoy** en España. **Estoy** de vacaciones, y **estoy** muy contento. Mi familia **está** aquí también. **Estamos** todos muy contentos. Y Vd., ¿**está** Vd. de vacaciones? ¿**Está** la familia también? ¿En qué hotel **están** Vds.? Ah, **es** un hotel magnífico. ¿**Es** Vd. millonario? ¿Qué hace Vd. pues? Ah, un artista. Vd. **es** muy famoso, **estoy** seguro.

2 Complete the sentences about the man in the monologue.
- **a** The man is from _____.
- **b** He's in Spain because he's on _____.
- **c** He and his family are all very _____.
- **d** He thinks the hotel where the other person is staying is _____.
- **e** The person he's talking to is an _____.
- **f** He's sure the person is very _____.

 Language discovery

Look again at the monologue. Answer these questions.

a Does the man use **soy** or **estoy** when he wants to say what nationality he is?

b Does he say **somos** or **estamos** to say how people are?

c What does he use to ask if the person's family is there, too?

1 'TO BE' OR ... 'TO BE'?

 04.03 You have already learned the Spanish for *I am, he is,* etc.:

soy	I am	somos	we are
es	he/she/it is	son	they are
Vd. es	you are	**Vds. son**	you are (plural)

However, we use a different set of words for *I am, you are,* etc. if we are saying where we are, or where things are, or if we are saying how we feel, or what state we are in – tired, pleased, ill, well, married or single and so on.

2 SOY O ESTOY *I AM*

 04.04 So our Spanish friends would say:

Soy Paco. Estoy soltero.

Soy Isabel. Estoy soltera.

Somos los Sres. Méndez. Estamos casados.

Somos Álvaro y María. Somos pareja (*a couple*).

And we can say about them:

Paco es español. Está soltero.

Isabel es española. Está soltera también, pero los Sres. Méndez están casados, naturalmente (*of course*).

Álvaro y María no están casados. Son pareja.

Perhaps the commonest use of these words is in:

¿Cómo está Vd.? ¿Cómo están Vds.?   *How are you?*

To which you answer:

Estoy bien, gracias./Estamos   *I'm fine, thank you./We're fine,*
  bien, gracias. ¿Y Vd.?/¿Y Vds.?   *thank you. And you?*

You can ask after someone else, as in:

¿Cómo está Paco?

¿Cómo están los Sres. Méndez?

To which you hope to hear the answer:

Está bien.   *He's fine.*

Están muy bien los dos.   *They are both very well.*

Now here is a subtle point. If you ask **¿Cómo es Paco?** you are asking what he is like – tall, short, friendly, etc. If you ask **¿Cómo está Paco?** you want to know whether he is well, happy, tired, and so on.

We said above **Paco está soltero**. This suggests that he is single at the moment, but will probably marry. If you say **Paco es soltero** you are suggesting that he is a confirmed bachelor.

You can knock on Isabel's door and ask **¿Está Isabel?** That is to say *Is Isabel in?* i.e. you are asking about where she is rather than what she is. You will get the answer **Sí, está** or **No, no está**.

To sum up: we use **soy**, **es**, **somos** and **son** to indicate characteristics (permanent) and **estoy**, **está**, **estamos** and **están** to indicate states (temporary) as well as position (both temporary and permanent).

Practice

1 **Make eight truthful sentences from these three columns.**

Paco		una compañía importante
Isabel		madrileños
Los señores Méndez	es	en la calle Goya
El apartamento de Paco	está	madrileña
Iberia	son	pequeño
Isabel y Paco	están	muy grande
El piso de Isabel		casados
La oficina de Paco		español

2 **Choose one of the following to complete the sentences.**

no es   no está   no son   no están

a Isabel y Paco ＿＿＿＿＿＿ casados.
b Isabel ＿＿＿＿＿＿ catalana.
c El Sr. Méndez ＿＿＿＿＿＿ barcelonés.
d La calle Goya ＿＿＿＿＿＿ en Sevilla.
e En general, los taxistas ＿＿＿＿＿＿ millonarios.
f Doña Aurora y doña Luisa ＿＿＿＿＿＿ contentas.
g París ＿＿＿＿＿＿ en España.
h Los terroristas ＿＿＿＿＿＿ simpáticos.

Conversation

04.05 *Ricardo meets Paco and enquires about Isabel. Close your book and listen to their conversation.*

1 Write down Isabel's phone number.

Ricardo	¿Cómo está Vd., Paco?
Paco	Estoy muy bien, gracias. ¿Y Vd.?
Ricardo	Muy bien. ¿Dónde está Isabel?
Paco	Está en casa.
Ricardo	¿En casa? ¿No trabaja? ¿Está de vacaciones?
Paco	No, no está de vacaciones. No está muy bien. Está constipada.
Ricardo	Entonces la llamo por teléfono. ¿Qué número es?
Paco	Es el dos, diecisiete, dieciocho, cero seis.

 NEW WORDS

Está constipada.	*She has a cold.*
entonces	*then*
La llamo por teléfono.	*I'll give her a ring.*

Constipado is a false friend – **un falso amigo**. It seems to be a cognate, but it does not mean what it looks like. If you want to be indelicate and say that someone is constipated, you would say **está estreñido**.

Phone numbers are usually given in pairs of figures. If there is an odd number of figures, the one at the beginning is treated singly. So 2 12 16 11 is said as **dos, doce, dieciséis, once**, while 10 14 20 would be said as **diez, catorce, veinte**.

2 Answer the questions in Spanish.

    a ¿Cómo está Paco?

    b Y Ricardo, ¿cómo está?

    c ¿Dónde está Isabel?

    d ¿Está Isabel de vacaciones?

Language discovery

Think about the words you learned for nationalities in Unit 2. They are one type of descriptive words, or *adjectives*.

What ending is needed for most ...

▶ masculine singular adjectives?
▶ masculine plural adjectives?
▶ feminine singular adjectives?
▶ feminine plural adjectives?

Adjectives

Descriptive words/Adjectives such as **grande**, **pequeño** and **soltero** must 'agree' with the person(s) or thing(s) they describe. This means that, as with the words for occupations that you met in Unit 3, the endings of the adjective must be masculine or feminine, singular or plural, e.g. **Paco no está casado**, **los apartamentos son pequeños**, **Isabel está contenta**, **las enfermeras son simpáticas**, etc.

Adjectives ending in **-e** are the same for both genders, but take an **-s** in the plural:

Paco es inteligente.

Isabel es inteligente.

Los Sres. Méndez son muy inteligentes.

When you are not saying the gentleman is married but simply *a married gentleman*, the adjective **casado** always comes *after* the noun **un señor**, e.g. **un señor casado**. Here are a few more examples: **un piso grande** *a large flat*, **una chica antipática** *a horrible girl*, **un chico alto** *a tall boy*, **una señora contenta** *a happy lady*.

One or two adjectives change meaning according to their position. For example **la casa vieja** – *the old house*; **la vieja casa** *the old* i.e. *former house*. We will point these out as they occur.

🔓 Practice

1 **A Spanish friend is talking to you about your English colleague whom he met on a visit to England. Play your part to complete the conversation.**

	Antonio	¿Cómo está Jane?
a	**You**	*Say she's very well.*
	Antonio	¿Está todavía (*still*) soltera?
b	**You**	*Say no, she is married to (**con**) Paul.*
	Antonio	¡Qué bien! ¿Están contentos los dos?
c	**You**	*Say yes, of course. They are happy.*
	Antonio	¿Y cómo es Paul?
d	**You**	*Say he is very nice. He is a Scotsman.*
	Antonio	¿Y dónde viven?
e	**You**	*Say they live in Edinburgh (**Edimburgo**).*
	Antonio	¿Qué hace Paul?
f	**You**	*Say he's an accountant and works in Edinburgh.*
	Antonio	Muy bien. Y Jane, ¿trabaja in Edimburgo también?
g	**You**	*Say yes, she works in a travel agency.*

2 **Speaking of Paco, say that:**

  a he is very well
  b he is not very well
  c he is an architect
  d he is at home
  e he is on holiday
  f he is pleased
  g he is from Madrid
  h he is in Madrid
  i he is Spanish
  j he has a cold

3 **Now, speaking of los Sres. Méndez, say that:**

  a they are very well
  b they are not very well
  c they are friendly
  d they are at home
  e they are on holiday
  f they are pleased
  g they are from Madrid
  h they are in Madrid
  i they are Spaniards
  j they have colds

4 **Now talk about yourself. Answer these questions.**

  a ¿Cómo está Vd.?
  b ¿Está Vd. constipado(a)?
  c ¿Está Vd. contento(a)?
  d ¿Cómo es Vd.?
  e ¿Dónde está Vd.?
  f ¿De dónde es Vd.?
  g ¿Es Vd. español(a)?
  h ¿Está Vd. de vacaciones?

 # Reading and writing

1 Read the postcard below.

> ¡Hola!
>
> Estoy aquí en Mallorca. Estoy de
> vacaciones y Mallorca es magnífico.
> Manuel está también y estamos muy
> contentos los dos. Y Vd., cómo está?
> Carlos

2 Answer the questions.

a ¿Dónde está Carlos?
b ¿Está de vacaciones?
c ¿Quién está también?
d ¿Cómo están los dos?

 3 Now write your own postcard using what Carolos has written as a model. Use your imagination.

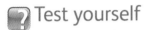 Test yourself

Can you do the following?

1 Say you are happy.

_____

2 Say you are on holiday.

_____

3 Ask someone what his/her job is.

_____

4 Say you are married/single.

_____

5 Ask if Paco is at home (when you arrive at his flat).

_____

6 Ask after someone's health.

_____

7 Say you are well/not very well.

_____

> **REMEMBER**
> The two verbs meaning _to be_ are not interchangeable. Practise their use thoroughly –
> it is often quite difficult to remember the distinction.

SELF CHECK

I CAN...

●	... ask about people's health and respond to questions about my own.
●	... ask and answer about marital status, physical appearance and location.

5 Nuestras familias
Our families

In this unit, you will learn how to:
- ▶ *give details, and ask for information, about families and personal circumstances.*
- ▶ *say what things belong to whom.*
- ▶ *say* there is *and* there are.

CEFR: (A1) *Can ask and answer about personal details such as the makeup of his/her family and things he/she has*

 ## What's in a name?

Despite changes in society, the most common names in Spain are still those of saints and **José** (*Joseph*), **María** (*Mary*) and **Jesús**. These last can be combined: **José María** or **Jesús María** for boys and **María José** or **María Jesús** for girls. **María,** especially, also figures in other names, for example **María del Pilar, María Rosa, María Angeles**. The girl in question usually uses only the second part of her name: **María del Pilar** is **Pilar**.

Traditionally, a first-born son is named after his father, and a first-born daughter after her mother. **El padre se llama Luis** (*The father is called Luis*); **el hijo se llama Luisito** (*the son is called little Luis*). **La madre se llama Carmen** (*The mother is called Carmen*); **la hija se llama Carmencita** (*the daughter is called little Carmen*). The diminutives, **-ito, -ita,** can also express endearment: **mi abuelo** (*my grandfather*), **abuelito** (*grandad*), **mi abuela** (*my grandmother*), **abuelita** (*granny*).

 What are the names of these people's parents?
1. Juanito
2. Paquito
3. Conchita

Vocabulary builder

05.01 Look at the words and phrases and complete the missing English expressions. Then listen to these words and repeat them.

FAMILY

el padre	*father*
la madre	_____
los padres	*parents*
el hijo	*son*
la hija	_____
los hijos	*children*
el hermano	_____
la hermana	*sister*
los hermanos	*brothers/brothers and sisters*
el marido	*husband*
la mujer	*wife*
el abuelo	*grandfather*
la abuela	_____
los abuelos	_____
el nieto	*grandson*
la nieta	_____
el tío	*uncle*
la tía	_____
el sobrino	_____
la sobrina	*niece*
el cuñado	*brother-in-law*
la cuñada	_____
los suegros	*parents-in-law*

NEW EXPRESSIONS

dice	*says*
Somos seis en mi familia.	*There are six of us in my family.*
un perro	*dog*
afortunadamente	*fortunately*
tengo	*I have*
tienen	*they have*
tenemos	*we have*
tiene	*he/she has*

Reading

 **05.02** *Listen to or read Isabel's description of her family two or three times, pausing after each sentence to practise repeating the Spanish.*

1 How many grandchildren do Isabel's parents have?

Isabel dice:

> Somos seis en mi familia: mi padre, mi madre y cuatro hijos. Tengo una hermana y dos hermanos. Mi hermana se llama Margarita y mis hermanos se llaman Fernando y José Antonio. Margarita está casada. Su marido se llama Luis Méndez. Es el hijo de los Méndez. Margarita y Luis tienen un hijo — Luisito.
>
> Fernando y José Antonio no están casados. Viven en casa con mis padres. Afortunadamente tenemos un piso grande. Mi madre tiene también un perro. Es muy pequeño y simpático. Se llama Chispa.

2 Respond to the following statements, choosing verdad or falso.

		Verdad	Falso
a	Son siete en la familia de Isabel.		
b	Isabel tiene dos hermanas.		
c	Los hermanos de Isabel se llaman Fernando y José Antonio.		
d	El sobrino de Isabel se llama Chispa.		
e	La familia de Isabel vive en un apartamento pequeño.		
f	El padre de Isabel tiene un perro.		

 Language discovery

Find the following words in the story. What words come before **tienen** and **tiene**? What word comes before **hermana** and **hermanos**?

a _____ tienen _____
b _____ tiene _____
c _____ hermana _____
d _____ hermanos _____

Which words are singular? Which are plural?

1 TWO USEFUL VERBS: 'HAVE' AND 'SAY'

You have already learned how to use some different parts of verbs according to who is doing the action, for example, **habla** *he/she/it speaks, you speak* and **trabajo** *I work*. Here are two important verbs which you need to learn: **tener** and **decir**.

tengo	*I have*
tiene	*he/she/it has, you have*
tenemos	*we have*
tienen	*they/you (plural) have*
digo	*I say*
dice	*he/she/it says, you say*
decimos	*we say*
dicen	*they/you (plural) say*

> Notice how the vowel in the first syllable of these two verbs changes between **e** and **ie** or **e** and **i**. This is a common pattern, as you will see later (Unit 9).

2 'MY, YOUR, HIS, HER, ITS'

The words that denote who someone or something belongs to are very easy to use in Spanish. **Mi** *my* is used with both masculine and feminine words (**mi padre, mi madre**), and has an **-s** added when used with plural words (**mis padres**). The words **su** and **sus** are particularly useful as they are the equivalent of several English words. **Su** is used with singular words and means *his/her/its/your/their*, depending on the context; **sus** works in exactly the same way with plural words. Like **mi** and **mis**, **su** and **sus** are not affected by gender.

Notice that these little words indicating possession agree with the thing possessed, not the possessor:

a boy's father	**su padre**
a boy's parents	**sus padres**
two boys' father	**su padre**
two boys' parents	**sus padres**

1 05.03 **Below is a diagram of Isabel's family. Look at the diagram and read the information. Then listen and answer the questions that follow.**

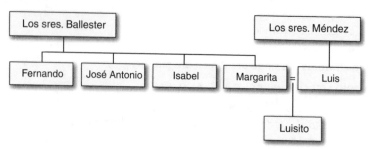

Fernando y José Antonio son los hermanos de Isabel y Margarita. Isabel y Margarita son las hermanas de Fernando y José Antonio. Sus padres son los Sres. Ballester. Los Ballester y los Méndez son los abuelos de Luisito. Luisito es su nieto. Luisito es el sobrino de Fernando, de José Antonio y de Isabel. Isabel es la tía de Luisito; Fernando y José Antonio son los tíos. Isabel y Luis son cuñados. Los señores Ballester son los suegros de Luis; los Sres. Méndez son los suegros de Margarita.

    a ¿Quién es el padre de Luis?

    b ¿Cómo se llama el padre de Luisito?

    c ¿Cómo se llama la tía de Luisito?

    d ¿Cuántos abuelos tiene Luisito?

    e ¿Cuántos sobrinos tiene Isabel?

    f ¿Quiénes son los suegros de Margarita?

    g ¿Y de Luis?

    h ¿Quién es la cuñada de Luis?

    i ¿Cómo se llama el hermano de José Antonio?

    j ¿Cuántos tíos (tíos y tías) tiene Luisito?

2 Complete these sentences.

Isabel dice:

a Margarita es mi _____.

b Fernando y José Antonio son mis _____.

c Luis no es _____ hermano, es _____ _____.

d _____ padres son los _____ de Luisito.

Luisito dice:

e Tengo _____ abuelos.

f _____ madre _____ _____ Margarita.

g _____ tío Fernando es _____ _____ de mi madre.

Los Sres. Ballester dicen:

h Tenemos _____ hijos y _____ nieto.

i Tenemos solamente _____ _____ casada.

j Isabel, Fernando y José Antonio no _____ casados, pero _____ muchos amigos.

3 Here is some information about another family. Read it carefully and then fill in the missing names on the diagram which follows. You'll need to use the information about Spanish surnames that you learned in Unit 3.

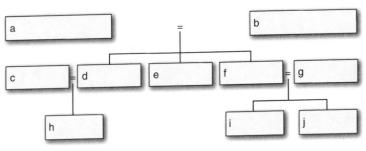

Carlos López Silva está casado con Carmen Rivera García. Tienen tres hijos y tres nietos. Su hija Carmen no está casada, pero sus dos hijos Pedro y Diego sí. La mujer de Pedro se llama Ana Serrano, y tienen una hija que también se llama Carmen. Tres mujeres de esta familia se llaman Carmen: la nieta Carmen López Serrano, su tía Carmen López Rivera, y su abuela Carmen Rivera García. La pequeña Carmen tiene dos primos, Diego y José María López Ayala, hijos de Diego López Rivera y su mujer María Ayala.

Reading

 05.04 *Isabel tells us a few more details about Paco, and Paco talks about Isabel and her family. Listen to or read the passage.*

1 Who lives in a rented flat – Paco or Isabel?

Isabel dice:

> Paco vive en la calle Meléndez Valdés. Su apartamento es pequeño, pero es suficiente para él. Es un apartamento alquilado. Paco no vive con sus padres porque ellos viven ahora en Alicante, pero yo vivo con los míos. Paco tiene un coche. Su coche siempre está en la calle porque Paco no tiene garaje.

Paco dice:

> Isabel vive en un piso de la calle Almagro, pero el piso no es de ella, naturalmente, es de sus padres, y el coche es de ellos también. Yo tengo un coche, pero Isabel no. Dice que no es necesario. Ella y su madre dicen que los taxis son muy convenientes para ellas. Para mí, un coche es más conveniente.

 NEW WORDS

alquilado	rented
ahora	now
porque	because
un coche	a car
siempre	always
él	he, him
ella	she, her
ellos	they, them (m)
ellas	they, them (f)
para él	for him
de ellos	theirs (m)
de ella	hers
para ellas	for them (f)
más	more
para mí	for me
míos	mine

 Language discovery

a In English two words are needed for *he* and *him*, *she* and *her*, *they* and *them*. Is the same true in Spanish?

b Find this sentence in the story: **Yo tengo un coche, pero Isabel no.** How would you translate it?

1 SAYING 'HE, SHE, THEY': *ÉL, ELLA, ELLOS, ELLAS*

In Spanish only one word is needed for *he* and *him*. **Él** not only means *he* but also *him*. Likewise, **ella** means both *she* and *her*.

Este apartamento es adecuado para él/ella.	*This flat is big enough for him/her.*
Él vive aquí, pero ella vive en Valencia.	*He lives here, but she lives in Valencia.*

The same dual-purpose rule applies to **ellos** and **ellas** (*they/them*, masculine and feminine).

2 USING *NO* AND *SÍ* TO MAKE COMPARISONS

Making a simple comparison between what two people are, do or have is easier in Spanish than it is in English, as the following examples show:

Isabel vive con la familia, pero Paco no.	*Isabel lives with the family, but Paco doesn't.*
Los Sres. Méndez están casados, pero Isabel y Paco no.	*Mr and Mrs Méndez are married, but Paco and Isabel aren't.*
La señora no es muy alta, pero su marido sí.	*The lady is not very tall, but her husband is.*
Mi hermano no está contento, pero mis padres sí.	*My brother is not happy, but my parents are.*

As we have seen, **vivo** means *I live*. You use the word for *I* – **yo** – only if you want to stress the *I*: **Yo** vivo en Madrid, pero Antonio no. *I live in Madrid, but Antonio doesn't.*

Yo hablo español, pero él no.   *I speak Spanish, but he doesn't.*

Él habla español, pero ella no.   *He speaks Spanish, but she doesn't.*

3 SAYING 'MINE': *EL MÍO, LA MÍA, LOS MÍOS, LAS MÍAS*

These words translate as *mine*. You use the one that agrees with the person or thing that is possessed.

Paco no vive con sus padres, pero yo vivo con los míos.   *Paco doesn't live with his parents, but I live with mine.*

¿Cómo se llama su hermana?   *What is your sister's name?*

La mía se llama Conchita.   *Mine is called Conchita.*

You do not need **el, la, los, las** if you want to say *it's mine, they're mine*.

¿De quién es este coche? Es mío.   *Whose is this car? It's mine.*

Esta casa es mía.   *This house is mine.*

05.05 4 SAYING 'THERE IS/ARE': *HAY*

Hay is an invaluable little word. (Be careful not to pronounce the **h**. **Hay** sounds the same as **¡Ay!** which is an exclamation of pain, grief or surprise.) **Hay** has a multiplicity of uses:

¿Cuántas personas hay en la oficina de Paco? Hay siete. Hay tres arquitectos y dos delineantes (*draughtsmen*). **También hay un estudiante y una secretaria.**

¿Cuántas personas hay en la familia de Isabel? Hay seis: los padres y cuatro hijos. Pero una hija está casada y vive con su marido y su hijo. Hay un perro, que es de la madre de Isabel y que se llama Chispa.

¿Cuántos vuelos diarios (daily flights) **hay de Londres a Madrid? Hay cinco vuelos de Iberia y cuatro de BA.**

Hay is used to indicate availability of goods and services. For example:

En el café:	**Hay chocolate con churros.**
En el quiosco:	**Hay billetes de lotería.**
En el restaurante:	**Hoy hay fabada.**
En el teatro:	**No hay entradas.**

Churros are a sort of *fritter* or *doughnut* which you dunk in hot, thick chocolate – very fattening but delicious. **Fabada** is *a bean stew*. The words **billete** and **entrada** are both used for *ticket*, but the former is used for train, bus or lottery tickets (and also banknotes), and the latter for anywhere you pay for entrance, such as the theatre or a museum. **Hoy** means *today*.

 Practice

1 **Complete these sentences about Paco by adding a contrasting comment about Isabel. Use the following example as a model:**

Paco trabaja como arquitecto, pero Isabel no.

a Paco vive en un apartamento, _____

_____.

b Paco es alto, _____

_____.

c Paco no vive con la familia, _____

_____.

d Paco no habla alemán, _____

_____.

e Paco no tiene hermanos, _____

_____.

f Paco tiene un coche, _____

_____.

2 **Complete these sentences with (el) mío, (la) mía, (los) míos or (las) mías.**

a Isabel vive con su familia, y yo vivo con _____

_____.

b ¿De quién es este apartamento? Es _____

_____.

c Pedro es el marido de Sara, y Juan es _____

_____.

d La Sra. Martìn es la madre de José, y la Sra. Gómez es _____

_____.

e Los Sres. Costa son los padres de Juana, y los Sres. Matos son _____

_____.

Test yourself

1 Can you do the following?

a Say what immediate family you have, and say what their names are.

b Describe your extended family.

c Describe your house/home and say who lives in it.

2 05.06 Answer the questions. Try to convey the essential information even if you can't produce a whole sentence the first time.

a ¿Dónde hay fabada hoy?

b ¿Qué hay en el quiosco?

c ¿Hay entradas para el teatro?

d ¿Cuántos vuelos diarios de BA hay de Londres a Madrid?

e El apartamento de Paco, ¿es adecuado para él?

f ¿Es de él, o está alquilado?

g ¿Por qué no vive Paco con sus padres?

h ¿Dónde está siempre el coche de Paco?

i El coche de la familia de Isabel, ¿es de ella o de sus padres?

j ¿De quién es el perro en casa de Isabel?

REMEMBER

Remember the difference between **billete** and **entrada**, and the distinction between **es** and **está**. Also remember that the word that translates as *mine* must agree with the person or thing that is possessed.

SELF CHECK

	I CAN...
●	...ask and answer questions about other people's families and my own.
●	...give details about personal circumstances.
●	...talk about possession.
●	...use **hay** to say *there is* and *there are*.

6 En movimiento
Moving around

In this unit, you will learn how to:
▶ *talk about leaving and returning.*
▶ *discuss means of transport.*
▶ *say the months of the year.*
▶ *give the date.*
▶ *use numbers 21–31.*

CEFR: (A1) *Can describe plans, arrangements, habits and routines; can handle numbers*

Getting from A to B

Spain is the second largest country in Western Europe meaning that distances between major cities can be considerable. There is, therefore, a good network of roads, railways and air links to facilitate travel. **Se puede viajar** (*One can travel*) **en coche** (*by car*), **en autobús** (*by bus*), **en tren** (*by train*) or **en avión** (*by plane*) from one provincial capital to another. Se **puede ir y volver en un día** (*One can go and return in a day*).

Agosto (*August*) is traditionally the month Spaniards take their holidays. **Van de vacaciones** (*They go on holiday*) and their destination is usually in Spain. Madrid's traffic police are organized for the big exodus at the end of **julio** (*July*), and similarly at the end of August when Madrid's inhabitants **vuelven** (*they return*).

Which of these Spanish cities is in the north, which in the east, and which in the south?
1 Sevilla
2 Santander
3 Bilbao
4 Valencia
5 Santiago de Compostela
6 Málaga

Vocabulary builder

 06.01 **Listen to these words and repeat them.**

 MONTHS OF THE YEAR

enero	*January*	julio	*July*
febrero	*February*	agosto	*August*
marzo	*March*	septiembre	*September*
abril	*April*	octubre	*October*
mayo	*May*	noviembre	*November*
junio	*June*	diciembre	*December*

> **SPELLING TIP**
> Note that the names of the months
> (**meses**) are written without a capital letter.

NEW EXPRESSIONS

voy	*I go, I am going*
de viaje	*on a trip*
va	*he/she/it goes, you go*
vuelvo	*I return*
vuelve	*he/she/it returns, you return*
un congreso	*a conference*
una reunión	*a meeting*
en tren	*by train*
en coche	*by car*
después del congreso	*after the conference*

> **LANGUAGE TIP**
> The verb *to go* in Spanish is a very odd verb. **Ir** is the
> name of the verb – the dictionary entry, or the infinitive.

Conversation

 06.02 *Ricardo asks Paco about his plans for June. Listen to or read the dialogue twice, and try to identify how Paco says 'I'm going' and 'I'm returning'.*

1 Why is Paco going to Santander? To Barcelona?

Ricardo	¿Qué hace en junio, Paco?
Paco	En junio voy de viaje.
Ricardo	¿En qué día va Vd.?
Paco	Voy el día 5. Tengo un congreso en Santander el día 6 de junio.
Ricardo	¿Y vuelve a Madrid después del congreso?
Paco	No, tengo una reunión en Barcelona el día 9. Voy directamente de Santander a Barcelona.
Ricardo	¿Cómo va – en tren?
Paco	No, voy en coche. Vuelvo a Madrid el 10 de junio.

Notice **un congreso** is *a conference*. **Una conferencia** is *a lecture* or *a long-distance telephone call*. Another **falso amigo**!

2 Find the expressions in the conversation that mean the following. First, say the question. Then look again and say the response.

   a What are you doing in June?
   b What day are you going?
   c Are you coming back to Madrid after the conference?
   d How are you going – by train?

In the above dialogue and new expressions, notice the important words **voy** *I go* and **va** *he/she goes, you go*. Later in this unit, we shall have **vamos** *we go* and **van** *they go*, or *you* (**Vds.**) *go*. However, if you look up *go* in a dictionary, you will find **ir**, which is very different from **voy**, etc. This is because *to go* in Spanish is a very odd verb. **Ir** is the name of the verb, the dictionary entry, or, to give it its grammatical name, the infinitive. Usually infinitives are more easily recognizable, and end in **-ar** (most of them), **-er** or **-ir**. For example, *to speak* is **hablar**, *to do* is **hacer** and *to live* is **vivir**.

Language discovery

a In English we use ordinal numbers (*first*, *second*, etc.) in dates. Does Spanish do the same?

b Find the word **día** in the conversation. Is it masculine or feminine?

1 NÚMEROS 21–31

06.03

You met numbers 1–20 in Unit 3. Here are the numbers 21 to 31.

21 **veintiuno**	25 **veinticinco**	29 **veintinueve**
22 **veintidós**	26 **veintiséis**	30 **treinta**
23 **veintitrés**	27 **veintisiete**	31 **treinta y uno**
24 **veinticuatro**	28 **veintiocho**	

The words for 21–9 are contractions of **veinte y uno**, **veinte y dos**, etc., but it is only 21–9 that contract; all the later numbers, from 31–9, 41–9, etc., are written as three words, as in **treinta y uno**, above.

2 LA FECHA *THE DATE*

Now you know numbers up to 31 and the names of the months of the year, you can give dates.

Written dates are in figures, of course; spoken dates are not quite the same as in English, e.g. 'the second of May'. For example:

el dos de mayo (i.e. the two of May)

el veinticinco de diciembre

el diecisiete de septiembre

If it is already clear which month you are talking about, and you just want to say *the 5th, the 20th*, etc., say **el día** (*the day*) **5**, **el día 20**, and so on.

Practice

1 Give the Spanish for these dates.

- **a** 1st March
- **b** 16th June
- **c** 31st August
- **d** 2nd November
- **e** 4th July
- **f** 19th May
- **g** 22nd February
- **h** 10th April
- **i** 26th October
- **j** 24th December
- **k** 30th January
- **l** 11th November

2 Practise giving personal and family dates.

¿Cuándo es su cumpleaños? (*When is your birthday?*)

¿Y el de su padre?/¿madre?/¿marido?/¿mujer?/¿hijo?/¿hija?/
¿hermano?/¿hermana?, etc.

3 06.04 **Read or listen to the conversation again. Answer these questions as though you were speaking for Paco.**

- **a** ¿Dónde va Vd. en junio, Paco?
- **b** ¿Por qué va a Santander?
- **c** ¿Tiene un congreso también en Barcelona?
- **d** ¿Cuándo va a Santander?
- **e** ¿Y a Barcelona?
- **f** ¿Cómo va?
- **g** ¿Qué día vuelve Vd. a Madrid?
- **h** ¿Por qué no vuelve a Madrid el 7 de junio?

Reading

06.05 Mrs Méndez describes their holiday in Málaga. Listen to or read her description, noticing how she says we do things.

1 How long will Mr and Mrs Méndez be in Málaga?

Hoy, 6 de septiembre, estamos de vacaciones. Estamos en Málaga y no volvemos a Madrid hasta el día 30. Pasamos un mes en Málaga. Tenemos un apartamento alquilado. Vamos todos los días al café para tomar el aperitivo. Se puede comer también, pero generalmente volvemos a casa para comer. Después de la siesta visitamos a amigos o vamos al cine o al teatro.

NEW WORDS

hasta	*until*
pasar	*to spend, pass*
todos los días	*every day*
tomar	*to take/have (of refreshment)*
comer	*to eat/have lunch*
se puede	*one can*
visitamos	*we visit*

2 Answer the questions in English.

a ¿En qué mes están los Méndez en Málaga?
b ¿Cuándo vuelven a Madrid?
c ¿Tienen una casa alquilada?
d ¿Dónde toman el aperitivo todos los días?
e ¿Dónde comen generalmente?
f ¿Adónde van después de la siesta?

💡 Language discovery

a In the sentence **Vamos todos los días al café**, what do you think **al** means?

b Find six verbs that end in **-amos** and **-emos**. What do these endings indicate, i.e. whom is Mrs Méndez talking about?

c What does **para** mean? Find the word in the Reading passage. What do you think it means there?

1 CONTRACTIONS *A + EL* AND *DE + EL*

Notice the contraction of **a el** to **al** to give **al cine**, *to the cinema* and **al teatro**, *to the theatre*. **De el** contracts similarly to form **del**, as in **los meses** *del* **año**, and as you will now recognize, in **Costa** *del* **Sol** (lit. coast of the sun – **el sol**).

2 VAMOS *WE GO*

In the passage above, Mrs Méndez uses the form: **vamos** *we go*. You will find that almost all words meaning *we do something* end in **-amos**, **-emos** or **-imos**. There were several examples in Mrs Méndez's account, some of which you've already come across and some of which are new:

estamos	*we are*
tenemos	*we have*
vamos	*we go*
pasamos	*we spend/we pass*
volvemos	*we return*

Other verbs you already know work similarly. For example, Paco might say:

Isabel y yo trabajamos en Madrid los dos. Vivimos en Madrid también. Somos madrileños. Hablamos español.

Spanish verbs fall into three groups, which is why there are three different endings – you will learn more about this in Unit 8. (**Somos** is an odd one out.)

3 PARA ... *IN ORDER TO ...*

In the passage about Mr and Mrs Méndez on holiday, you came across the phrases **para tomar, para comer**. **Para** means *for*, as you have seen, but also *in order to*. So **para tomar el aperitivo** means *in order to have an aperitif*, or simply *to have an aperitif*.

4 SE PUEDE ... *ONE CAN ...*

In Mrs Méndez's description of their holiday, she says **se puede comer en el café** *one can eat at the café*. **Se** can translate *one* when you are talking of people in general. For example, in a shop window you might see **se habla inglés** *English spoken* (lit. *one speaks English*). In Barcelona you could say **aquí se habla catalán** *people speak Catalan here*. You can also use it to ask the way e.g. **¿Cómo se va a la estación de autobuses?** *How does one get to the bus station?*

 ## Practice

 06.06 **Answer these questions as though you were speaking for Mr and Mrs Méndez.**

a   ¿Por qué están Vds. en Málaga, señores?

b   ¿Cuándo vuelven Vds. a Madrid?

c   ¿Cuánto tiempo pasan Vds. en Málaga?

d   ¿Están Vds. en un hotel?

e   ¿Dónde van hoy para tomar el aperitivo?

f   ¿Van mañana también?

g   ¿Y pasado mañana?

h   ¿También comen Vds. en el café?

i   ¿Tienen Vds. familia o amigos en Málaga?

j   ¿Qué hacen Vds. después de la siesta si no visitan a amigos?

 Speaking

1 **Ricardo asks you about your holiday plans for the summer. Complete the conversation, following the guidelines for your replies.**

Ricardo	¿Va Vd. de vacaciones este año?
a You	*Say yes, you're going to Santander and Madrid.*
Ricardo	¡Qué bien!, ¡va a España! ¿Y cuándo va?
b You	*Say you're going on 20 July.*
Ricardo	¿Y cuántos días pasa Vd. en Santander?
c You	*Say you're spending ten days in Santander and then (después) you go to Madrid.*
Ricardo	Entonces, va a Madrid el día 31.
d You	*Say yes, and you're spending five days in Madrid with your friends.*
Ricardo	¿Toma Vd. el autobús para ir de Santander a Madrid?
e You	*Say no, you're taking the train.*
Ricardo	Bien, ¡buenas vacaciones!

2 **Now talk about yourself. What are your holiday plans?**

 Reading

1 **Read the passage below. Can you work out the meaning of the following words?**
   a avión
   b caro
   c barato

> De Madrid se puede tomar el tren o el autobús a todas partes de España. También se puede ir an avión a Barcelona, a Valencia, a Santiago de Compostela, etc. El avión es más rápido, pero es más caro. En junio, julio y agosto hay muchos vuelos baratos para los turistas que van a Málaga, a Valencia, a Gerona y a Alicante. El turismo es una industria importante para España.

2 **Now answer the questions.**
   a How can one travel to all parts of Spain?
   b How can one travel to the large cities of Spain?
   c When are there cheap flights to Málaga, Valencia, Gerona and Alicante?
   d Which industry is important for Spain?

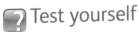 Test yourself

Can you do the following?

1 Count backwards from 31 to 21.
2 Recite the months of the year.
3 Give today's date.
4 Ask the way to the theatre.
5 Ask if people speak English here.
6 Say that one can take a bus to the station (**la estación**).
7 Say that there are five flights every day.
8 Say that you spend a month in Spain every year.

> **REMEMBER**
>
> Check you know all the question words. Some are in Unit 6, and they are all in the Introduction. Try to remember as many as you can.
>
> Remember also the use of **se** to mean *one* or people in general. It can be a useful way round a difficulty.

SELF CHECK

I CAN...
○ ...talk about leaving and returning.
○ ...discuss means of transport.
○ ...use numbers 21–31.
○ ...say the months of the year and give the date.

7 Llegadas y salidas
Arrivals and departures

In this unit, you will learn how to:
▶ *talk about arriving and leaving.*
▶ *say the days of the week.*
▶ *tell the time.*
▶ *talk about dates.*
▶ *use numbers 32–199.*

CEFR: (A2) *Can handle numbers and times; can indicate time; can locate specific information in lists and isolate the information required*

Spanish time

The 0° meridian which passes through Greenwich, London, also passes through Spain meaning that **la hora** (*the hour/time*) should be the same in Spain as in the UK. This is the case for the Canary Islands but not for mainland Spain which is one hour ahead. When the time is given on the radio, the announcer states this difference: **Son las cuatro, las tres en Canarias** (*It's four o'clock, three o'clock in the Canaries*).

Los trenes y los autobuses son muy puntuales (*The trains and buses are very punctual*) and so are Spaniards in the workplace. But off-duty and with friends, they relax. **Las ocho** (*Eight o'clock*) could well mean **las ocho y cuarto** (*a quarter past eight*) or **las ocho y media** (*half past eight*). Punctuality is not so important and is not expected.

 Your Spanish friend has arranged to meet you at 4 p.m. Do you expect her to be there waiting for you?

Vocabulary builder

07.01 Look at the words. Then listen to these words and repeat them.

DAYS OF THE WEEK

JULIO						
L	M	M	J	V	S	D
		1	2	3	4	5
6	7	8	9	10	11	12
13	14	15	16	17	18	19
20	21	22	23	24	25	26
27	28	29	30	31		

lunes	*Monday*
martes	*Tuesday*
miércoles	*Wednesday*
jueves	*Thursday*
viernes	*Friday*
sábado	*Saturday*
domingo	*Sunday*

The week in Spain is always counted from Monday, so the abbreviations along the top for the days of the week – **los días de la semana** – start with that day on the calendar. Although the abbreviations are in capitals, days of the week, like months, are always written with a small letter.

NEW EXPRESSIONS

el viaje	*journey*
el avión	*plane*
salir (sale)	*to leave (it leaves)*
llegar (llega)	*to arrive (it arrives)*
el amigo	*friend*
conocer (conozco)	*to know (I know)*
un matrimonio	*a married couple*
bonito	*nice, pretty*
buen viaje	*'bon voyage', have a good journey*

Conversation

 07.02 *Listen to or read the following conversation at least twice, taking careful note of how Isabel says when things will happen.*

1 How long will Isabel be away?

		Dep	Arr	
DAILY (Except Sun) 1B649		1230	1500	DC9 C/Y

Madrid/Edinburgh service

Sr. Ortega	¿Qué día va Vd. a Edimburgo? ¿El martes?
Isabel	No. Martes es el día trece. ¡No se puede ir en avión los martes y trece! Voy el miércoles, el día 14.
Sr. Ortega	¿A qué hora sale el vuelo?
Isabel	Es el vuelo IB 649. Sale de Madrid a las doce y media y llega a Edimburgo a las tres de la tarde.
Sr. Ortega	¿Tiene amigos en Edimburgo?
Isabel	Sí. Conozco a un matrimonio, Jane y Paul. Jane es amiga mía y va al aeropuerto. Después vamos las dos a su casa.
Sr. Ortega	Y ¿cuándo vuelve a Madrid?
Isabel	Voy a pasar una semana con ellos, y después paso cuatro días en Londres. Vuelvo a Madrid el veintiséis de junio.
Sr. Ortega	Son unas vacaciones bonitas. ¡Buen viaje!

2 Answer these questions.

   a ¿En qué día viaja Isabel a Edimburgo?
   b ¿A qué hora sale el avión?
   c ¿Están casados los amigos de Isabel?
   d ¿Dónde va a pasar Isabel cuatro días?
   e ¿En qué fecha vuelve Isabel a Madrid?

Language discovery

Find the two times in the conversation. Read them out loud. Then give them in words and then in numbers.

   a _____

   b _____

1 ¿EN QUÉ DÍA? ¿EN QUÉ FECHA? *ON WHAT DAY/DATE?*

 07.03 To say that a certain day falls on a certain date, or vice versa, you need a new verb: **caer** *to fall.*

Look at these examples:

¿En qué día de la semana cae el dieciséis?	*On what day of the week does the sixteenth fall?*
Cae en un jueves.	*It falls on a Thursday.*
¿En qué fechas caen los domingos en julio?	*On what dates do the Sundays in July fall?*
Caen en el cinco, el doce, el diecinueve y el veintiséis.	*They fall on the 5th, 12th, 19th and 26th.*

Caer also means *to fall* in the usual sense, and goes like this (note the odd 'I' form):

caigo	*I fall*
cae	*he/she/it falls, you fall*
caemos	*we fall*
caen	*they/you (pl.) fall*

2 NÚMEROS 32–199

 07.04 Now you know numbers up to 31, there are not many more words to learn associated with counting. Here is a complete list of the 'tens':

20	**veinte**	60	**sesenta**
30	**treinta**	70	**setenta**
40	**cuarenta**	80	**ochenta**
50	**cincuenta**	90	**noventa**

For the numbers in between, the principle of adding **y** and any other number you need applies all the way through from 30 to 90, e.g.:

33 **treinta y tres**

58 **cincuenta y ocho**

71 **setenta y uno**

99 **noventa y nueve**

100 is **cien** if it stands by itself, **ciento** if it is followed by another lesser number. For example:

100 **cien**

101 **ciento uno**

110 **ciento diez**

122 **ciento veintidós**

137 **ciento treinta y siete**

Note the difference between the English 137 – *one hundred and thirty-seven* – and the Spanish – **ciento treinta y siete**. In Spanish the **y** only occurs between the tens and the units. We won't deal now with the plural hundreds (see Unit 12), but the following will enable you to give current dates in full.

To give the year, string the numbers together starting with **dos mil**.

2000 **dos mil**

2001 **dos mil uno**

2010 **dos mil diez**

2015 **dos mil quince**

Spanish numbers are very straightforward and logical. It is worth making a special effort to learn them really well, as numbers are essential when travelling in a Spanish-speaking country, for shopping, travel times, dates and so on. Practise them until you are fluent by, for example, thinking of the prices in Spanish when you are shopping, working out train times, etc.

3 ¿QUÉ HORA ES? *WHAT TIME IS IT?*

The 24-hour clock is used in official timetables, but not in everyday conversation. The usual way of asking and giving the time is shown in the following examples:

¿Qué hora es?	**Es la una.**	1.00
	Es la una y media.	1.30
¿Qué hora es?	**Son las dos menos cuarto.**	1.45
	Son las dos.	2.00
	Son las dos y cuarto.	2.15

Practise saying times in Spanish to yourself in the course of your daily routine, whenever you refer to a clock. To summarize, here is a chart from which you can construct all the times you will need:

Es la una		cinco
Son las dos		diez
Son las tres		cuarto
Son las cuatro	y	veinte
Son las cinco		veinticinco
Son las seis		media
Son las siete		veinticinco
Son las ocho		veinte
Son las nueve	menos	cuarto
Son las diez		diez
Son las once		cinco
Son las doce		

To make things quite clear, you can add **de la mañana** (literally, *of the morning*) for times up till noon, **de la tarde** for the afternoon and early evening, and **de la noche** for 9 p.m., 10 p.m., 11 p.m., and 12 p.m.

For example:

Son las seis de la mañana.

Son las seis y media de la tarde.

Son las diez de la mañana.

Son las diez de la noche.

Notice the difference between **es la una** and **son las dos**. We also say, of course, **son las tres**, **son las cuatro**, etc. Do not confuse **cuatro** (*four*) with **cuarto** (*a quarter*). *A quarter to four* and *a quarter past four* will be **las cuatro menos cuarto**, **las cuatro y cuarto**. Practise saying these.

4 HOW TO SAY 'I KNOW'

Here is an important point. Notice Isabel says **conozco a un matrimonio**, *I know a married couple*. **Conozco** (verb **conocer**) is *I know* in the sense of being acquainted with, knowing people, places, books, etc. To say *I know* of facts you use **sé** from the verb **saber**. For example:

> Another small but important point: When the object of a verb is a person, you must insert **a**.

Conozco bien Sevilla.	*I know Sevilla well.*
Conozco bien a Juan.	*I know John well.*
Veo el coche de Juan.	*I see John's car.*
Veo a Juan dentro.	*I see John inside.*

Practice

 1 07.05 **From the calendar in the Vocabulary builder, answer these questions.**

   a ¿En qué día de la semana cae el veintiuno?
   b ¿En qué día cae el treinta y uno?
   c ¿En qué fecha cae el primer domingo (*the first Sunday*) del mes?
   d ¿Y el último domingo? (*the last Sunday*)
   e ¿En qué fechas caen los sábados en julio?
   f ¿En qué día cae el veintisiete?
   g El quince de julio es el cumpleaños de Isabel – ¿en qué día cae este año?
   h En julio, ¿el trece cae en martes?

2 Each line of the grid represents one of the days of the week, but they must be entered in a certain order to reveal, in column A, the name of one of the months. Which day goes in which one, and which month is it?

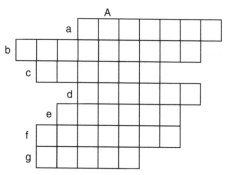

3 Use the Iberia timetable reproduced below to answer the following questions in Spanish.

IBERIA'S NEW SUMMER SCHEDULES HEATHROW/MADRID SERVICE		Dep	Arr	
DAILY (Except Sun)	IB603	0730	1030	DC9 C/Y
DAILY	IB601	1145	1445	Airbus F/C/Y
DAILY	IB607	1525	1825	B727 C/Y
DAILY (Except Mon)	IB605	1930	2230	Airbus F/C/Y
Mon only	IB605	2030	2330	Airbus F/C/Y
MADRID/HEATHROW SERVICE		Dep	Arr	
DAILY	IB600	0920	1030	Airbus F/C/Y
DAILY	IB606	1305	1415	B727 C/Y
DAILY (Except Mon)	IB604	1705	1815	Airbus F/C/Y
Mon only	IB604	1805	1915	Airbus F/C/Y
DAILY (Except Sat)	IB602	1955	2105	DC9 C/Y

a ¿Cuándo sale el vuelo IB605 de Heathrow los lunes?
b ¿Cuándo sale el vuelo IB605 de Heathrow los otros días de la semana?
c ¿Cuándo llega el vuelo IB607 a Madrid?
d ¿Cuándo sale el vuelo IB600 de Madrid?
e ¿Cuándo llega el vuelo IB602 a Heathrow?
f ¿Cuándo llega el vuelo IB606 a Heathrow?

❓ Test yourself

You have now covered a great deal of material that will be indispensable on your trip to Spain and in conversation with Spanish friends or colleagues. You can say when things will happen, describe things and people and say where they are, enquire after people's health and do many other useful 'language tasks' in Spanish.

The following **Test yourself** is longer than usual and is intended to help you check that you have understood and remembered some of the main points that we have covered so far. Look back at the relevant unit if you find that you have forgotten something. The questions are all personal to you, so we cannot give the answers in the Key.

First, speak your answers, paying close attention to your pronunciation and grammar. Then write your answers on your own paper.

▶ ¿Cómo se llama Vd.? ¿Es Vd. inglés (inglesa)? ¿Habla Vd. español?
▶ ¿Habla Vd. francés?
▶ ¿Está Vd. casado (casada) o soltero (soltera)?
▶ ¿Es Vd. comunista, socialista, socialdemócrata, liberal, conservador o fascista?
▶ ¿Qué hace Vd.? ¿Dónde trabaja Vd.?
▶ ¿Es Vd. millonario? ¿No tiene Vd. mucho dinero?
▶ ¿Dónde vive Vd.? ¿Vive Vd. en una casa o un piso?
▶ ¿Cómo es, grande o pequeño?
▶ ¿Cuántas personas hay en su familia? ¿Quiénes son, y cómo se llaman? ¿Tiene una fotografía de su familia?
▶ ¿Tiene Vd. un coche? ¿Es necesario un coche para Vd.?
▶ ¿No son convenientes los taxis para Vd.?
▶ ¿Es de Vd. este libro de español? ¿Es interesante este libro? ¿Trabaja Vd. mucho con este libro?
▶ ¿Va Vd. mucho a España? ¿Por qué? (¿Por qué no?) ¿Va Vd. a España para trabajar o para pasar las vacaciones? ¿En qué mes va Vd. de vacaciones?
▶ ¿Cómo va Vd. de vacaciones – en tren, en coche, en autobús o en avión?
▶ ¿Sale Vd. de casa todos los días? ¿A qué hora? ¿A qué hora llega Vd. a casa?
▶ ¿Qué hora es en este momento? ¿Qué día es? ¿Qué fecha es? ¿Cuándo es su cumpleaños?
▶ ¿Es Vd. supersticioso (supersticiosa)? ¿Está Vd. contento (contenta)? ¿Está Vd. preparado (preparada) a estudiar Unit 8?

If you scored well, congratulations – all you need to do is practise a bit more on those areas where you found the test difficult by listening to or reading the relevant dialogues, checking the Language discovery sections and making sure you can produce the phrases yourself. Then you'll be ready to proceed to Unit 8.

If you found it difficult, it would be worth returning to the units that covered the material you found problematic and practising by redoing a few exercises. Perhaps you should go a little more slowly and make more thorough use of the **Answer key** every time you have completed an exercise to make sure you've really mastered one set of information before moving on to the next.

REMEMBER

Remember that it's important to take every opportunity to talk to and listen to native Spanish speakers, as this is the best way to improve your own accent, fluency and confidence. Once you have really understood the basics, a few spoken mistakes will not prevent you from being understood and communicating successfully with a Spanish speaker. Also make sure that you make the most of this course by following the study guidelines in **Learning to learn,** given at the beginning of the book, adapting them if you prefer to suit the way in which you learn most easily.

SELF CHECK

I CAN. . .

⬤	. . . talk about arrival and departure times.
⬤	. . . recite the days of the week.
⬤	. . . talk about timetables.
⬤	. . . talk about dates.
⬤	. . . count from 32 to 199.

8 Deseos y exigencias
Wishes and requests

In this unit, you will learn how to:
▶ *say what you would like.*
▶ *say what you need.*
▶ *buy tickets.*

CEFR: (A2) *Can ask people for things; can get simple information about travel and buy tickets*

 Coffee or tea?

Britain is regarded as a nation of tea drinkers. In Spain, the beverage of choice at breakfast time, mid-morning and after meals is **el café** (*coffee*). Waiters the length and breadth of the country take orders from customers who say: **Quiero un café** (*I want a coffee*). If particularly stressed, the coffee drinker may say: **Necesito un café** (*I need a coffee*). At breakfast time, it's **café con leche** (*coffee with milk*), half coffee, half milk. After meals, coffee is usually drunk on its own, **café solo** (*espresso coffee*).

That is not to say that Spaniards do not drink **el té** (*tea*). Tea drinking has become popular and specialist shops selling a wide variety of teas can be found in shopping centres. Herbal teas, meanwhile, continue to be highly regarded for their medicinal properties.

 What does Paco say he and Isabel want to drink?
Isabel quiere un té con limón y yo quiero un café, necesito un café, un café solo.

Vocabulary builder

08.02 **Look at the words and complete the missing English expressions. Then listen to these words and repeat them.**

REGULAR VERBS

-ar		-er		-ir	
esperar	to wait	aprender	to learn	abrir	to open
estudiar	_____	correr	to run	decidir	_____
mirar	to look, watch	creer	to believe	escribir	to write
necesitar	to need	vender	to sell	permitir	_____
pagar	to pay	ver	to see	recibir	_____

NEW EXPRESSIONS

salir	to leave
hacer	to make, do
un billete de ida y vuelta	a return ticket
un billete de ida sólo	a single ticket
necesito estar en Madrid	I need to be in Madrid
¿quiere hacer la reserva?	would you make the reservation?
querer	to wish, want, love
¿necesita Vd. algo más?	do you need anything else?
quisiera pagar	I would like to pay

Conversation

 08.03 *Paco's father, Mr Ruiz, is buying a plane ticket for a trip to Madrid to visit his son. Listen to (or read) his conversation with the young lady at Iberia, and notice how he says what he needs or wants.*

1 What time does Mr Ruiz need to be in Madrid?

Sr. Ruiz	Necesito un billete para Madrid, para el jueves.
Señorita	¿Quiere Vd. un billete de ida y vuelta o sólo de ida?
Sr. Ruiz	Quiero uno de ida y vuelta, por favor.
Señorita	¿A qué hora quiere salir?
Sr. Ruiz	Necesito estar en Madrid a las tres de la tarde.
Señorita	Hay un vuelo que sale a las doce y cuarto, y llega a la una de la tarde.
Sr. Ruiz	Muy bien. ¿Quiere hacer la reserva, por favor?
Señorita	Pues son noventa y seis euros.
Sr. Ruiz	Quisiera pagar con Visa.
Señorita	No hay problema. ¿Necesita Vd. algo más?
Sr. Ruiz	No, gracias.

2 Find the expressions in the conversation that mean:
   a Do you want a return ticket or a single ticket?
   b I want a return ticket, please.
   c What time do you want to leave?
   d I'd like to pay with Visa.
   e Do you need anything else?

Now see if you can say your answers without looking at the conversation.

3 Listen to or read the conversation again and respond with Verdadero or Falso to each of the statements.

		V	F
a	El Sr. Ruiz quiere tomar el tren.		
b	Quiere un billete de ida sólo.		
c	El vuelo sale a las once.		
d	Quiere ir a Madrid el jueves.		
e	El Sr. Ruiz no quiere una reserva.		
f	El Sr. Ruiz dice que quiere pagar con su tarjeta de crédito (*credit card*).		
g	El avión llega a Madrid en tres cuartos de hora.		
h	El Sr. Ruiz paga sesenta euros.		

Language discovery

a Look at the conversation. What form of the verb follows **quiere** and **necesito**?

b Which do you think sounds more polite: **Quiero pagar con Visa** or **Quisiera pagar con Visa?**

1 VERB GROUPS

In Unit 6, we referred to the form of a verb known as the infinitive – the dictionary entry or 'name' of the verb, usually the form with *to* in English: *to speak*, *to eat*, *to live*, etc. In Spanish these forms will be words ending in **-ar** (e.g. **hablar**), **-er** (e.g. **comer**) or **-ir** (e.g. **vivir**). You will already have realized that Spanish works by changing the ending of these words to indicate who is doing the action. Thus for *I* the ending will nearly always be **-o** (e.g. **hablo**, *I speak*, **como**, *I eat* and **vivo**, *I live*). The exceptions to this are given below. For other persons – *he, she, you, we, they* – the endings are similar to each other but have a characteristic vowel, as you can see:

	-ar	-er	-ir
I	habl**o**	com**o**	viv**o**
he/she/it/you (Vd.)	habl**a**	com**e**	viv**e**
we	habl**amos**	com**emos**	viv**imos**
they/you (Vds.)	habl**an**	com**en**	viv**en**

There are, however, lots of oddities and irregularities, so it's best to learn verb forms as you go along – we will point out important deviations from the pattern as they occur. For example, you already know the verbs which do not end in **-o** to indicate *I*. They are **soy**, *I am*; **estoy**, *I am*; **voy**, *I go*; **sé**, *I know* and **doy**, *I give*.

> All other verbs end in **o** to indicate '*I*' but sometimes the form of the word breaks the pattern. You have already seen **caigo** and **conozco**; there are some more listed in Unit 13.

2 QUIERO ... *I WANT* ...

With **quiero** you can simply use the name of whatever item it is that you want, as in the following examples:

Quiero un café.	*I want a coffee.*
Quiero este libro.	*I want this book.*
Quiero dos entradas.	*I want two tickets.*

However, you might need to say that you want to do something or be somewhere, as in these examples:

Quiero tomar un aperitivo.   *I want to have an aperitif.*

Quiero hablar español.   *I want to speak Spanish.*

Hoy quiero estar en casa.   *Today I want to be at home.*

The verb that follows **quiero** in each of these sentences is in the 'infinitive' form.

Quiero can be used with reference to a person (though you also have to insert the little word *a* before the name), but in this context it means *I love* … For example:

Quiero **mucho a mis padres.**   *I love my parents very much.*

La Sra. Méndez *quiere* **a su marido.** *Mrs Méndez loves her husband.*

3 QUISIERA … *I'D LIKE …*

In English there is a difference in tone between the straightforward *I want* and *I would like*, which is less blunt and demanding. A similar difference exists in Spanish between **quiero** and **quisiera**. For example:

Quiero un café.   *I want a coffee.*

Quisiera un café.   *I would like a coffee.*

Quisiera hablar bien el español.   *I'd like to speak Spanish well.*

However, **quiero** is quite acceptable in most circumstances, for example, when ordering in a restaurant (as you will see in Unit 18).

Note that **quisiera** ends in **-a** whether it is used with *I* or *he/she/it/you*.

Quisiera is used with all the singular forms, but you can also say **quisiéramos** – *we should like*, and **quisieran** – *they would like*.

4 NECESITO … *I NEED …*

Necesito works in the same way as **quiero** in that it can be used with a noun (the name of something or someone) or with the infinitive form of a verb.

Necesito un billete de ida y vuelta. *I need a return ticket.*

¿Necesita Vd. viajar a Zaragoza?   *Do you need to travel to Zaragoza?*

Necesitan un coche.   *They need a car.*

Practice

1 Here are some things that Isabel needs to do in a busy day. Answer the questions for Isabel, saying you *would like* (**quisiera**) or you *need* (**necesito**) whatever it is at the time indicated in brackets. The first one has been done for you.

   a ¿Cuándo necesita llegar a la oficina? (09.00)

   Necesito llegar a las nueve.

   b ¿A qué hora necesita Vd. salir? (08.30)

   c ¿A qué hora quiere Vd. llamar por teléfono? (10.15)

   d ¿Cuándo necesita hablar con el director? (11.45)

   e ¿A qué hora quiere Vd. comer? (14.00)

   f ¿Cuándo quiere tomar un gin-tonic? (13.30)

   g ¿A qué hora necesita Vd. estar en casa? (17.00)

   h ¿Cuándo necesita ir al dentista? (17.30)

   i ¿Para qué hora quiere Vd. las entradas? (19.30)

   j ¿Para qué hora quiere hacer la reserva en el restaurante? (22.30)

   k ¿A qué hora necesita Vd. salir con el perro? (24.00)

Conversation

 1 08.04 Listen to or read this short dialogue between Isabel and Ricardo. How does Ricardo take his coffee?

Isabel	¿Qué quiere Vd. – un té o un café?
Ricardo	Quiero un café.
Isabel	¿Cómo lo quiere – solo o con leche?
Ricardo	Lo quiero con leche.
Isabel	¿Quiere azúcar?
Ricardo	No. No quiero azúcar.

NEW WORDS

¿cómo lo quiere?	*how do you want it?*
lo quiero ...	*I want it ...*
la leche	*milk*
el azúcar	*sugar*

2 Answer the questions. Give complete sentences.

   a ¿Quiere Ricardo un té o un café?

   b ¿Lo quiere solo o con leche?

   c ¿Quiere Ricardo azúcar?

 # Language discovery

Look at the conversation. What does lo refer to?

LO/LA QUIERO I WANT IT

When instead of repeating the noun it is quicker and more natural to substitute *it*, Spanish does this by inserting **lo** or **la**. Use **lo** if the replaced word is masculine, and **la** if the replaced word is feminine. These become **los** and **las** (meaning *them*) when they replace plural words. Study the following examples:

Necesito un billete para Madrid. Lo necesito para viajar el día 19.
I need a ticket for Madrid. I need it for travelling on the 19th.

Tengo dos entradas de teatro. ¿Las quiere Vd.?
I have two theatre tickets. Do you want them?

Quisiera un té. Lo quisiera con limón.
I should like some tea. I'd like it with lemon.

 # Practice

Choose lo, la, los or las to complete the sentences below.

a ¿Cómo quiere Vd. el café – solo o con leche? _____ quiero solo.

b Quiero cuatro entradas de teatro. _____ quisiera para el jueves.

c Necesito dos billetes para Málaga. _____ quiero de ida y vuelta.

d ¿Cómo quiere Vd. el té – con leche o con limón? _____ quiero con limón.

e ¿Cómo quiere Vd. su aperitivo? _____ quisiera con mucha tónica y poco gin.

 # Speaking

Prepare and give your own answers to these questions.

a ¿Dónde necesita Vd. estar mañana?

b ¿A qué hora necesita salir de casa?

c ¿A qué hora necesita Vd. llegar?

d ¿Y qué quisiera Vd. hacer hoy?

e ¿Quisiera comer en un restaurante hoy?

f Vd. necesita. hacer una reserva, ¿verdad? ¿Para qué hora la quiere hacer?

g ¿Quiere ir al cine el domingo? ¿Con quién quiere ir?

? Test yourself

Can you say the following in Spanish?

1 I'd like a coffee.

_____

2 I need to be in Madrid on Friday.

_____

3 Would you make a reservation, please?

_____

4 I need to be in the office for a meeting on the 17th.

_____

5 I'm going to Paris tomorrow. The flight leaves at 10.15 a.m.

_____

6 I'd like two theatre tickets for the 23rd, please.

_____

The language in this unit is closely linked with that in the next. When you have checked your progress with the **Test yourself**, go straight to Unit 9.

> **REMEMBER**
>
> Numbers and dates are masculine singular: **¿En qué casa vive Vd.? Vivo en el seis.** _I live at number six._
> **¿Qué número de entrada tiene Vd.? Tengo el doscientos veinte.** _I have number 220._
> Dates: **el uno de marzo, el veinte de agosto.** But times of day are feminine: **Es la una; son las cuatro** – _it's one o'clock; it's four o'clock._

SELF CHECK

	I CAN...
◯	... say what I want/would like and what I want/would like to do.
◯	... say what I need and what I need to do.

9 *Gustos y preferencias*
Tastes and preferences

In this unit, you will learn how to:
▶ *express a preference.*
▶ *say what you like and dislike.*

CEFR: (A2) *Can express likes and dislikes; can make and respond to suggestions*

Perfect hosts

There is a Spanish saying **Sobre gustos no hay disputa** (*There is no argument about tastes*), and with this thought in mind, your Spanish host will try to make sure that you and your family are given what you like and do what you enjoy. **¿A su marido le gusta el vino?** (*Does your husband like wine?*), **¿A los niños les apetece ir al parque?** (*Do the children feel like going to the park?*). And it is not considered impolite to answer in the negative: **no le gusta** (*he doesn't like it*), **no les apetece** (*they don't feel like it*).

Spaniards are keen to share the attractions of their country. As a visitor, you may well be asked: **¿Le gusta España?** (*Do you like Spain?*) to which you will surely want to answer: **Me gusta mucho** (*I love it*).

1 What does Paco like and not like? **Me gusta el café pero no me gusta el té.**
2 What does Isabel feel like doing? **Me apetece salir esta tarde.**

Vocabulary builder

09.01 **Look at the words and complete the missing English expressions. Then listen to these words and repeat them.**

LOS DEPORTES *SPORTS*

el tenis	_____
el golf	_____
el fútbol	*soccer*
el baloncesto	_____
la natación	*swimming*
el boxeo	_____
el béisbol	_____
el esquí	*skiing*

NEW EXPRESSIONS

(no) me gusta(n)	*I (don't) like*
(no) le gusta(n)	*he (doesn't) like*
la vida	*life*
quisiera	*I/he would like*
el dinero	*money*
animado	*lively*
demasiado, demasiada	*too, too much*
demasiados, demasiadas	*too many*
preferir, prefiero	*to prefer, I prefer*

Reading

09.02 Listen to or read the following description of Mr and Mrs Méndez's life in Madrid. Pay special attention to how Mrs Méndez talks about her own and her husband's likes and dislikes.

1 Why doesn't Mrs Méndez like living in Madrid?

> No me gusta la vida moderna. No me gusta vivir en Madrid. Hay demasiado tráfico. Hay demasiados coches en la calle. Quisiera vivir en Málaga, pero mi marido no quiere. Mi marido se llama Benito. Benito Méndez Ortigosa. Quiero mucho a mi marido. Es un ángel. No tenemos mucho dinero, pero estamos muy contentos. A mi marido le gusta vivir en Madrid. Dice que es más animado, más interesante. Le gusta ir al café con los amigos. Hablan de política y de fútbol. A mí me gusta ir al café para tomar un té o un chocolate. Me gusta también la televisión. Pero hay demasiada política y demasiado fútbol. Me gustan los seriales. A mi marido no le gustan. Dice que son demasiado sentimentales. Pero yo prefiero los seriales a la política.

2 Answer the questions.

    a ¿Dónde quisiera vivir la Sra. Méndez?
    b ¿Por qué viven los Sres. Méndez en Madrid?
    c ¿Cómo se llama el marido de la Sra. Méndez?
    d ¿Qué dice el Sr. Méndez de Madrid?
    e ¿Qué le gusta hacer con los amigos?
    f ¿Qué toma la Sra. Méndez en el café?
    g ¿A quién le gustan los seriales, al Sr. Méndez o a la Sra. Méndez?

 Language discovery

Find the sentences with **me gusta** and **me gustan**. Can you guess when we have to use the two different forms? HINT: Look at the form of the word that follows: In each case, is it singular or plural?

1 ME GUSTA ... *I LIKE ...*

If you wish to say:	you say:
I like music.	**Me gusta la música.**
I love Scotch whisky.	**Me gusta mucho el güisqui escocés.**
I adore the Spanish Pyrenees.	**Me gusta muchísimo el Pirineo español.**

In saying **me gusta la música,** what you have in fact said is *music pleases me,* and you can add **mucho** or **muchísimo** to express stronger degrees of liking. So *I like* is always **me gusta** or **me gustan,** according to whether you like one thing or more than one. For example:

Me gusta el té con limón.

Me gusta ir al cine.

Me gusta el arte de Picasso.

Me gustan los cafés de Madrid.

Me gustan los perros.

Me gustan todas las óperas de Verdi.

If you didn't like these things, you would say:

No me gusta el té con limón.

No me gusta la música de Verdi.

No me gustan los perros, etc.

2 EMPHASIS: *LIKES AND DISLIKES*

A common way of expressing emphasis in likes is:

**A mí me gustan los seriales.
A mi marido no le gustan.**   *I like serials. My husband doesn't.*

¿A Vd. le gusta la política?   *Do you like politics?*

The words **a mí, a mi marido, a Vd.** are put in for emphasis.

Practice

1 **Complete the answers to the questions.**

¿Qué dice la Sra. Méndez de Madrid?

a Dice que _____ _____ _____ vivir en Madrid.

¿Qué dice de Málaga?

b Dice que _____ vivir en Málaga.

¿Qué dice de su marido?

c Dice que le _____ mucho.

d Dice que _____ _____ Benito.

e Dice que es _____ _____ .

f Dice que _____ _____ vivir en Madrid.

¿Qué dice de ir a tomar chocolate?

g Dice que _____ _____ .

¿Qué dice de la televisión?

h Dice que hay _____ _____ y _____ _____ .

¿Qué dice de los seriales en la televisión?

i Dice que _____ _____ .

¿Qué dice el Sr. Méndez de los seriales?

j Dice que _____ _____ _____ .

¿Le gustan al Sr. Méndez los seriales?

k No. No _____ _____ .

Notice the word order of the last question. While the English is simpler *Does Mr Méndez like (the) serials?* the Spanish literally means *to him/ please/to Mr Méndez/the serials?* where *to him* and *to Mr Méndez* repeat the same thing. You will notice this sort of repetition often in the later part of the book. It is characteristic of Spanish. You have seen it already in **a mí me gusta** and **a mi marido le gusta**. Here **a mí** and **me**, **a mi marido** and **le** say the same thing twice to give emphasis and clarity.

Conversations

 09.03 *Of course, even if you like something, you don't always want it. Cover up the new words. Listen to and read the conversations. Try to guess the meaning of the new words.*

1 Which speaker says he/she likes coffee?

Señor A	¿Quiere un café?
Señor B	No, gracias.
Señor A	¿No le gusta?
Señor B	Sí, me gusta, pero no me apetece ahora.
Señor A	¿Le apetece un aperitivo?
Señor B	Sí, me apetece un vermú.

Ricardo	¿Quiere Vd. tomar algo?
Isabel	Sí. Gracias.
Ricardo	¿Qué le apetece? ¿Güisqui, gin-tonic, vermú?
Isabel	No. No quiero alcohol. Me apetece un té, si lo hay.
Ricardo	¿Lo prefiere con leche o limón?
Isabel	Prefiero té con leche, por favor.

 NEW WORDS

apetecer (me apetece)	*to appeal (lit. it appeals to me)*
el vermú	*vermouth*
algo	*something*
si lo hay	*if there is one / if there is some*
si los hay	*if there are some*

2 Match the two parts of the sentences.

a	El Sr. B quisiera	**1**	alcohol.
b	Al Sr. B le gusta el café,	**2**	té con leche.
c	Isabel no quiere	**3**	pero no le apetece ahora.
d	A Isabel le apetece	**4**	un vermú.
e	Isabel prefiere	**5**	un té.

Language discovery

Look at the conversations and find the verbs apetece and prefiere. Which works in the same way as gustar?

1 ME APETECE ... *I FEEL LIKE ...*

Me apetece means *I feel like it* (literally. *it appeals to me*) and works in just the same way as **me gusta** in that it can be used with a noun or a verb.

No me apetece salir.	*I don't feel like going out.*
¿Le apetece un aperitivo?	*Do you feel like an aperitif?*
No le apetece trabajar hoy.	*He/She doesn't feel like working today.*
A mí no me apetece ir al cine, pero a mi amigo sí.	*I don't feel like going to the cinema, but my friend does.*

2 PREFIERO ... *I PREFER ...*

Notice that *to prefer* is **preferir**. *I prefer* is **prefiero** and *he/she prefers/you prefer* are **prefiere**, or **Vd. prefiere**. The vowels **-ie-** appear instead of the **-e-** in the second syllable. *They prefer* is **prefieren**, but *we prefer* is **preferimos**, without the **-ie-**. This is a common pattern in Spanish – our new verb **quiero**, **quiere**, **quieren** but **queremos** (infinitive **querer**) behaves in exactly the same way. You will notice other examples of vowel changes, but just learn them as they occur.

3 EXPRESSING LIKES AND DISLIKES WITH *GUSTAR*

Here is a summary of this way of expressing your likes and dislikes (**gustar** and **apetecer** work in exactly the same way, so only **gustar** is given here). The examples below also include the *we* and *they* forms, which you have not used so far.

Me gusta el vino español.	*I like Spanish wine.*
Me gustan los vinos españoles.	*I like Spanish wines.*
Le gusta el vino español.	*He/She likes, You like Spanish wine.*
Le gustan los vinos españoles.	*He/She likes, You like Spanish wines.*
Nos gusta el vino español.	*We like Spanish wine.*
Nos gustan los vinos españoles.	*We like Spanish wines.*
Les gusta el vino español.	*They like Spanish wine.*
Les gustan los vinos españoles.	*They like Spanish wines.*

Remember that you can intensify what you are saying in this context by adding **mucho** or **muchísimo**.

It helps to know that what you are really saying is that *Spanish wine or wines please me/him/her/you/us/them*. Liking things is always expressed in this way (or disliking, if you place **no** in front). It is very easy once you have practised it a little. The same idea lies behind other phrases which you will come across later.

One final point – if you are offered a choice but you have no particular preference, you can say:

Me da igual.   *It's all the same to me.*

Practice

1 09.04 **Follow the instructions below.**
Speaking of coffee, say that you:
  a like it.
  b prefer it with milk.
  c don't want sugar.
  d don't feel like a coffee now.
Speaking of tea, ask Isabel:
  e if she wants one.
  f how she wants it.
  g if she always (**siempre**) prefers it with milk.
  h if she doesn't like tea with sugar.
Speaking of alcoholic drinks, ask Paco:
  i if he likes Spanish wines.
  j if he prefers whisky or vermouth.
  k if he feels like a gin and tonic.
  l if he wants lemon in it.

2 **You are in a thoroughly bad mood and don't feel like doing any of the things your friend suggests. Express your feelings as indicated in the brackets after each question.**
  a ¿Quiere ir al cine? (you don't feel like it)
  b ¡Vamos al café para tomar un chocolate! (you don't like chocolate)
  c ¿Prefiere Vd. un gin-tonic? (no, you don't want a gin and tonic)
  d ¿Quiere ir a la ópera? (you don't like Verdi's music)
  e ¿Prefiere salir en el coche? (you don't feel like it)
  f Entonces, ¿quiere Vd. ir a casa? (yes, you feel like going home)

3 Using the information in Mrs Méndez's description of life in Madrid, imagine that you are Mr Méndez. Match phrases a–d with phrases i–viii to make as many truthful sentences as you can.

a A mí no me gusta

b A mi mujer le gusta

c A mí me gusta

d A mi mujer no le gusta

i hablar de fútbol.

ii vivir en Madrid.

iii el té.

iv el chocolate.

v la vida moderna.

vi la vida en Málaga.

vii un serial.

viii la política.

 Speaking

1 Pretend you are Mrs Méndez. Go back to the Reading passage at the beginning of the unit. Use what you know to answer these questions.

a ¿A Vd. le gusta la vida moderna?

b ¿Le gusta su ciudad?

c ¿Por qué (no) le gusta?

d ¿En qué otra ciudad quisiera vivir?

e ¿Qué le gusta tomar en el café?

f ¿Le gusta la televisión?

g ¿Prefiere Vd. los seriales a la política?

2 Now answer the questions about yourself.

Reading

1 Read the café bill. It has a lot of information. You can see the date and time, and that VAT is included (*Value Added Tax* is **IVA – Impuesto de Valor Añadido**). **Bollos y Sim(ilares)** refers to the pastries that the people ate.

2 Now answer the questions.

a ¿Cuánto es un café?

b ¿Cuánto son cuatro cafés?

c ¿Para qué fecha es?

d ¿A qué hora?

```
        *PARADOR DE TURISMO*
          NIF. A-79855201

        IVA INCLUIDO*GRACIAS*
           *SALAMANCA*
08-04-08              15:50
C001                      131
4X                   @1,50
CAFE                  .6,00
4X                   @1,35
BOLLOS Y SIM          .5,40
CAJA               −11,40€
```

 Test yourself

Can you do the following?

1 Say you like music.

_____

2 Say you like flamenco music very much.

_____

3 Say you do not like soccer.

_____

4 Say you prefer classical music **(la música clásica)**.

_____

5 Ask someone if he/she likes flamenco.

_____

6 Ask someone if he/she prefers flamenco or classical music.

_____

7 Say you want to go home because you don't feel like doing any more work and you need a gin and tonic.

_____

> **REMEMBER**
> Verbs like **gustar** (*to please*) and **apetecer** (*to feel like*) are practically always used in the forms **gusta/gustan**, **apetece/apetecen**. Other forms (**gusto**, **apetezco**, etc.) do exist, but their use can be too improper for a book like this!

SELF CHECK

	I CAN...
○	...express likes and dislikes.
○	...express preferences.
○	...say what appeals to me.

Entre amigos
Between friends

In this unit, you will learn how to:
▶ *say* you *when talking to family and friends.*

CEFR: (A2) *Can use both formal and informal forms of address; can ask and answer about personal details such as home and work, family, routine and preferences*

A less formal 'you'

So far in this book, in talking to another person, we have used the forms **Vd. (usted)** and **Vds. (ustedes)** for *you*. But Spanish, in common with French, German, Italian and other languages (but not English), has more than one way of saying *you*. If you know a person well, or if you want to talk to them informally, you address them as **tú**, not **Vd**. **Tú** is used among members of a family, between friends, when talking to children, and among young people generally. Its use is spreading as the old formality of Spanish life gives place to a more relaxed style. Adults meeting each other for the first time at a private social function will often address each other as **tú**. This familiar form will also be used in shops, by visiting traders, and even in banks. So it is sometimes difficult to know whether to use **tú** to a Spanish acquaintance or **Vd**. Never use **tú** to someone who addresses you as **Vd.**, except to children. If in doubt, keep to **Vd.** until your Spanish friend uses **tú**. It is better to be thought too formal than too familiar, which is why we have started off by using **Vd**. But you will hear a much greater use of **tú** in Spain, if not in South and Central America, depending on the social and age groups you are mixing in.

You find yourself speaking to an older woman. Should you address her as tú or usted?

Note: This unit will give you some practice in the use of **tú** (and its plural **vosotros**). We shall do this by re-working some of the material from previous units, which will at the same time give you some useful revision before you move on to the second part of the book. Since the following short exchanges have been adapted from conversations you have already seen, there is no **Vocabulary builder**, **Language discovery** or **Test yourself** in this unit.

1 SAYING 'YOU': *VD.* AND *TÚ*

 10.01 Listen to, or read through, the following short exchanges, which we have adapted from dialogues you have already seen. It will be natural, as they are young people, to talk to Paco and Isabel as **tú** (or jointly as **vosotros**). Mr and Mrs Méndez, however, are an older, so it will be more appropriate to continue to use **Vd.** and **Vds.** when talking to them.

From Unit 1

¿Quién es Vd?	Soy el Sr. Méndez.
¿Quién eres (tú)?	Soy Paco.
¿Eres Luisa?	No. No soy Luisa.
¿Cómo te llamas, pues?	Me llamo Isabel.

From Unit 2

¿De dónde eres, Paco?	Soy de Madrid.
¿De dónde eres, Isabel?	Soy de Madrid también.
¿De dónde sois, Isabel y Paco?	Somos de Madrid.

From Unit 3

¿Dónde vives, Isabel?	Vivo en la calle Almagro.
¿Y dónde trabajas?	Trabajo en la calle María de Molina.

2 SAYING 'YOU ARE' (1): *VD. ES* AND *TÚ ERES*

Notice that if you are talking to someone as **Vd.**, you use:

es   **vive**   **trabaja**

but when addressing them as **tú**, you use:

eres   **vives**   **trabajas**

The forms used with **tú** always end in **-s**. More examples:

From Unit 4

¿Cómo está Vd., doña Aurora?	**Estoy bien, gracias. ¿Y Vd.?**
Hola, Paco. ¿Cómo estás?	**Estoy bien, gracias. ¿Y tú?**
¿Estás de vacaciones?	**Todavía no. Voy en julio.**

From Unit 5

Isabel, ¿cuántos hermanos tienes?	**Tengo una hermana y dos hermanos.**
Paco, ¿dónde tienes tu coche?	**Está en la calle. No tengo garaje.**
Isabel, ¿tienes un coche para ti sola?	**No. A mí me gustan los taxis.**

From Unit 6

¿Cuándo vas a Santander, Paco?	**Voy el 5 de junio.**
¿Y cuándo vuelves a Madrid?	**Vuelvo el 10 de junio.**

3 WORDS FOR 'YOU' AND 'YOUR': *TÚ, TI, TU*

You will notice that when using **tú** to Paco or Isabel, we also have to say **tu coche** (*your car*) and **para ti sola** (*for you alone*).

4 SAYING 'YOU ARE' (2): *VOSOTROS SOIS*

In all the above, we have been addressing Paco or Isabel as **tú**. Look again at the verb forms we have been using. But when we asked them jointly where they were from, we said:

¿De dónde sois, Isabel y Paco?

You use **sois** when talking to two people, or a group of people, with all of whom you are familiar. The word for *you* in this case is **vosotros**, replacing **Vds**. Look again at the Practice section in Unit 6, where we asked questions of the Méndez couple. If we knew them well enough to use familiar forms of address, we should ask:

¿Por qué estáis en Málaga?

¿Cuándo volvéis a Madrid?

¿Cuánto tiempo pasáis en Málaga?

¿Estáis en un hotel?

¿Dónde vais hoy para tomar el aperitivo?

¿También coméis en el café?

¿Tenéis familia o amigos en Málaga?

¿Qué hacéis después de la siesta si no visitáis a amigos?

Read the above again, and compare with the earlier version, noting the changes we have had to make in switching from **Vds.** to **vosotros**.

The following shows these forms of some common verbs.

Vd.	tú	Vds.	vosotros
es	eres	son	sois
está	estás	están	estáis
tiene	tienes	tienen	tenéis
sale	sales	salen	salís
va	vas	van	vais

You need not spend a lot of time learning the plural forms yet, as most conversations are one-to-one, rather than to pairs or groups. Concentrate on the **tú** forms for the present.

From Unit 8

¿Qué quieres – un té o un café?   **Quiero un café.**

¿Cómo lo quieres – con leche?   **No. Lo quiero solo.**

5   TE QUIERO   *I LOVE YOU*

Remember that **quiero**, used of people, means *I love*. Naturally you use the familiar form when telling someone you love him/her.

¿Me quieres?   **Sí. Te quiero.**

¿Cuánto me quieres?   **Te quiero muchísimo. Te adoro.**

6 ¿TE GUSTA? *DO YOU LIKE IT?*

From Unit 9

If you want to ask a friend whether he/she likes something, you say:

¿Te gusta el arte de Picasso? **Pues no me gusta mucho.**

¿Te gustan las óperas de Verdi? **Sí, me gustan, pero prefiero las de Mozart.**

or whether he/she has a preference:

¿Qué prefieres – vino blanco o vino tinto? **Prefiero vino tinto.**

¿Te apetece un vino ahora? **No gracias. No me apetece en este momento.**

Notice that when you are talking to someone as **tú**, you use **te gusta** instead of **le gusta**. There will be much more practice on talking to people using **tú** in the second part of the book, where, as you will see, we shall use both the formal and informal mode of address according to whatever the relationship is between the speakers.

Practice

Here are some questions addressed to Sr. and/or Sra. Méndez. Repeat the questions using tú or vosotros to Paco and Isabel.

a Sr. Méndez, es Vd. madrileño, ¿no?

b ¿Va Vd. todos los días al café, señor?

c ¿Tiene Vd. un coche, señor?

d ¿Le gusta el fútbol, Sr. Méndez?

e Sra. Méndez, ¿dónde pasa Vd. sus vacaciones?

f Y ¿dónde prefiere Vd. vivir?

g ¿Qué le apetece más, señora, un té o un café?

h ¿Qué familia tienen Vds., señores?

i ¿A qué hora salen Vds. por la mañana, señores?

7 SAYING 'AND': *Y OR E?*

In the answers to **h** and **i** above, you can say **Isabel y Paco**. But the other way round, you have to say **Paco e Isabel**. The little word **y** changes to **e** when the next word begins with an **i-**. For example, you say **Inglaterra y España**, but **España e Inglaterra**, and **hablo italiano y francés**, but **hablo francés e italiano**.

 Practice

Complete the sentences with y or e.

a Quiero salir con Eduardo _____ Inés mañana.
b Pedro habla español, francés _____ inglés.
c Los Sres. Méndez van a Alemania _____ Inglaterra.
d Isabel es una señorita interesante _____ simpática.

As noted earlier, we will not have a **Test yourself** in this unit, as there has been an element of revision in the examples we have given you. This is the last of the basic units. If you have safely reached this point – well done! We hope you have enjoyed the course so far, and feel that you have begun to acquire a basic competence in Spanish. If you feel reasonably confident that you have understood and remembered what we have covered in the first ten units, try **Self-Assessment test 1** at the end of the book before you tackle the next units. You can look at Units 11 to 20 in any order (21 is a summing-up), but unless you have good reasons for doing otherwise, it's probably best to cover them in the order they appear.

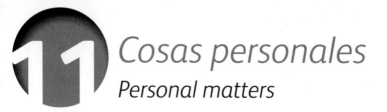

Cosas personales
Personal matters

In this unit, you will learn
▶ *To talk about personal activities such as washing and dressing.*
▶ *To make impersonal statements about people in general.*

CEFR: (A2) *Can use a series of phrases and sentences to describe family, other people, living conditions and daily routines.*

 Language discovery

1 (ME) LAVO *I WASH (MYSELF)*

Many of the things we do reflect on ourselves, i.e. they are personal activities such as getting up, going to bed, washing, dressing, sitting down, as well as personal feelings such as enjoying oneself, or feeling ill or well. In these cases, Spanish uses the little words **me** (*myself*), **se** (*himself herself, yourself/yourselves*), and **nos** (*ourselves*) together with the verb expressing the action or state. The little words used in this way are called 'reflexive pronouns'. You have already seen an example in **me llamo** *my name is* (lit. *I call myself*). Other examples are:

me lavo	*I wash (myself)*
me levanto	*I get up*
me siento bien	*I feel well*
no **me siento** bien	*I don't feel well*
Paco **se levanta** a las siete.	*Paco gets up at seven.*
La señora Méndez siempre **se siente** bien en Málaga.	*Mrs Méndez always feels well in Málaga.*
Nos divertimos mucho cuando estamos de vacaciones.	*We enjoy ourselves a lot when we are on holiday.*

Notice the difference between the
following two sentences:

Lavo el coche todos los domingos.

I wash the car on Sundays.

Me lavo todos los días.

I wash (i.e. myself) every day.

Monologues

MONOLOGUE 1

 11.01 **Isabel habla de lo que Paco hace todas las mañanas. Isabel describes what Paco does every morning.**

Paco se levanta a las siete. Se lava y se viste y sale de casa a las ocho menos veinte. Va en coche a la oficina. Llega a las ocho, y se sienta inmediatamente para trabajar. Le gusta su trabajo. Tiene compañeros simpáticos y se siente bien en el ambiente de la oficina.

Notes

Se viste means *he gets dressed*. **El ambiente** means *the atmosphere* or *the environment*. Notice **se siente**, *he feels*, and **se sienta**, *he sits down*. The two verbs are very alike. **Me siento** can mean *I feel* or *I sit*. The first is from **sentir**, *to feel*, and the second from **sentar**, *to seat* or *sit*.

MONOLOGUE 2

11.02 **Now Paco gives you the same information, speaking for himself. Notice how the verbs change – they will end in -o, of course (see Unit 8).**

Me levanto a las siete. Me lavo y me visto y salgo de casa a las ocho menos veinte. Voy en coche a la oficina. Llego a las ocho, y me siento inmediatamente para trabajar. Me gusta mi trabajo. Tengo compañeros simpáticos y me siento bien en el ambiente de la oficina.

MONOLOGUE 3

11.03 **Now Mrs Méndez describes her morning routine and her husband's:**

Benito y yo nos levantamos tarde. No tenemos prisa porque mi marido está jubilado y no trabaja. Nos lavamos y nos vestimos y salimos a la calle a las doce. Vamos al café y nos sentamos en la terraza. Nos gusta salir todos los días.

Notes

▶ **Tener prisa** means *to be in a hurry*.
▶ **No tenemos prisa** is *we're not in a hurry*.
▶ Benito Méndez is *retired* (**jubilado**).
▶ Instead of saying **nos lavamos y nos vestimos**, Mrs Méndez could have said **nos arreglamos**, *we get ready*.
▶ **Arreglar** is *to arrange*. If you want to use it in the special sense of *to arrange onself*, or *get ready*, you would call the verb **arreglarse**.
▶ You put **-se** on the end of an infinitive to show it is being used in this 'reflective' way.
▶ **Hablar** is *to speak*; **hablarse** is *to talk to yourself*!

Practice

1 Answer these questions on the little monologues:

  a ¿Qué hace Paco a las siete?

  b ¿Y qué hace inmediatamente después?

  c ¿A qué hora sale de casa?

  d ¿Qué hace cuando llega a la oficina a las ocho?

  e ¿Por qué se siente bien en el ambiente de la oficina?

  f ¿Los Méndez se levantan a las siete?

  g ¿Por qué no?

  h ¿Qué hacen antes de salir? (antes de, *before*)

  i ¿Qué hacen cuando llegan al café?

  j ¿Qué dice la señora de salir todos los días?

If you listen hard, you will hear Spaniards using these reflexive pronouns in a way that goes beyond anything explained in grammar books. For example:

No me lo creo.   *I don't believe it.*

No me lo puedo creer.   *I can't believe it,* (i.e. in extreme surprise).

Mi hija no me bebe la leche   *My daughter won't drink milk.*

Don't look for explanations, just copy what you hear.

💡 Language discovery

2 SE DICE *ONE SAYS*

Another helpful use of the little word **se** is when you are talking about people in general. (See also Unit 6.) For example, you might want to say: In Spain, one says '**buenos días**' or In Spain, you (you in general) say '**buenos días**' or In Spain, they (i.e. people in general) say '**buenos días**'.

All of these are translated by:

   En España, <u>se dice</u> 'buenos días'.

You have seen this sort of phrase before in:

Se habla español.	*One speaks Spanish/ Spanish spoken.*
¿Se puede ...?	*May one ...? or may I...?*

Notice the invaluable question

¿Cómo se dice ... en español?	*How do you say ... in Spanish?*

Several verbs can be used in this way to ask about what is generally done. Here are some more examples:

En Inglaterra, **se bebe** más té que café.	*In England, they drink more tea than coffee.*
En España, **se bebe** más café que té.	*In Spain, they drink more coffee than tea.*
En Inglaterra, **se paga** en libras esterlinas.	*In England, one pays in pounds sterling.*
En España, **se paga** en euros.	*In Spain, one pays in euros.*
En Inglaterra, **se circula** por la izquierda.	*In England, you drive on the left.*
En España, **se circula** por la derecha.	*In Spain, you drive on the right.*
Notice: por la derecha	*on the right*
por la izquierda	*on the left*

Notice also **más** ... **que**, *more ... than*. This invaluable little word **que** can mean *who, which, that* or *than*, and in a question **¿qué?** can mean *which?* or *what?* **Que** cannot be omitted, unlike *which* or *that* in English:

El libro **que** tengo ...	*the book (which/that) I have ...*

🔓 Practice

2 Look again at the descriptions of what Paco and Mrs Méndez do every morning. Here are the answers they give to your questions. What did you ask them?

a Paco: Me levanto a las siete.
b Paco: A las ocho menos veinte.
c Paco: Llego a las ocho.
d Paco: Sí. Me gusta.
e Paco: Porque tengo compañeros simpáticos.
f Sra. Méndez: Nos levantamos muy tarde.
g Sra. Méndez: Porque mi marido no trabaja.
h Sra. Méndez: Porque está jubilado.
i Sra. Méndez: A las doce.
j Sra. Méndez: En la terraza.

3 Choose one of the phrases to complete each of the sentences.

a En España, se circula
   i en la terraza.
   ii por la derecha.
   iii a las doce.
b En Cataluña
   i les gusta el té.
   ii no se entiende catalán.
   iii viven los catalanes.
c A las siete de la tarde
   i me lavo.
   ii salgo de la oficina.
   iii me visto.

> Notice 3(a) above: **por la derecha** – *on the right*. **Por** means *through, by* or *along*. It can only mean *'for'* in the sense of *'on behalf of'*. For example: **lo hace por amor** – *he does it for love*; **lo explica por mí** – *he explains it on my behalf*. Otherwise *'for'* is **para** in Spanish. (See Units 5 and 7.)

    d Los señores Méndez se levantan
       i tarde.
       ii en la oficina.
       iii después de vestirse.
    e Paco se siente bien en la oficina porque
       i le gusta sentarse.
       ii no le apetece el trabajo.
       iii tiene compañeros simpáticos.
    f Cuando los señores Méndez van al café
       i beben un güisqui.
       ii toman un chocolate.
       iii llegan a las cuatro.

4 Use se verbs to say that:
    a One has an aperitif at 7 p.m.
    b One eats well in Spain.
    c They speak Spanish well in Burgos.
    d People feel happier at home than in the office.
    e One needs to work a lot.
    f One goes out with the dog every day.
    g You may not pay by cheque.
    h In England, people drink more tea than wine.

Reading

Look at the job advertisement for a receptionist in a computer company (*computing* is **informática**). Notice **se ocupará**, *he/she will occupy himself/herself* (secretarial work is also required) and **se requiere**, *one requires* (they want English and/or French with computer literacy and word-processing skills) and **se ofrece**, *one offers*. In the address, **apartado 6102** is a post-office box number.

What three things will the company offer someone with these skills?

IMPORTANTE EMPRESA DE INFORMÁTICA
Solicita
RECEPCIONISTA
Se ocupará también de ciertas labores de Secretariado

Se requiere:

▶ Imprescindible inglés y/o francés para atender llamadas telefónicas en dichos idiomas.

▶ Experiencia en sistemas de informática y tratamiento de textos sobre PC.

▶ Edad desde 18 a 25 años.

Se ofrece:

▶ Contrato laboral.

▶ Incorporación inmediata.

▶ Horario de 8,30 a 13,30 y de 14,30 a 17,30.

Escribir urgentemente al apartado 6102, 28080 MADRID, adjuntando Curriculum Vitae con fotografía (imprescindible), e indicando pretensiones económicas. Ref. RECEPCIONISTA/6.

12 Dése a conocer
Make yourself known

In this unit, you will learn how to:
▶ *give official details (passports, driving licences, etc.).*
▶ *say the rest of the numbers.*

CEFR: (A1) *Can handle numbers, cost and time; can fill in forms with personal details (name, address, registration, etc.) for self and others*

Before you start

To give information about yourself, you need to be secure in your use of numbers and to be able to spell words using the Spanish alphabet. Look back at the **Pronunciation** section at the beginning of the book and practise saying the names of the letters in Spanish. (They are also on the recording.) Then practise spelling your name and the name of the road, street or town where you live. (The question you will hear when you are asked to spell something is **¿Cómo se escribe?** *How do you write it?*)

Revise numbers in the first part of this book, as follows.

Numbers 1–20: Unit 3; Numbers 21–31: Unit 6; Numbers 32–199: Unit 7

12.01 The plural hundreds are:

200	**doscientos**	600	**seiscientos**
300	**trescientos**	700	**setecientos**
400	**cuatrocientos**	800	**ochocientos**
500	**quinientos**	900	**novecientos**

LANGUAGE DISCOVERY

Which three numbers have an unexpected form?

When you are talking about the numbers of things, including amounts of money, the multiple-hundred numbers (**doscientos**, **trescientos**, etc.) will end in **-as** if what you are talking about is feminine. For example:

Kr.500	**quinientas coronas**	£600	**seiscientas libras**
but		but	
$400	**cuatrocientos dólares**	900€	**novecientos euros**

As you know, *one thousand* is **mil**, *two thousand* **dos mil**.

So if you want a long number, such as the dates we saw in Unit 7, you just string all words together, remembering to insert **y** (*and*) between any tens and units. For example:

1997	**mil novecientos noventa y siete**
1588	**mil quinientos ochenta y ocho**
16.000	**dieciséis mil**
237.741	**doscientos treinta y siete mil,**
	setecientos cuarenta y uno

Notice the use of the stop after the thousands in long numbers.

You are not likely to need many long numbers such as the last one. Being able to name recent and future years, however, can be very useful.

While we are thinking about numbers, remember how to give a telephone number; this was mentioned briefly in Unit 4. You say them in pairs, starting with the single digit if there is an odd number of figures. For example:

22 20 69	**veintidós, veinte, sesenta y**
	nueve
76 06 45	**setenta y seis, cero seis,**
	cuarenta y cinco
4 45 29 62	**cuatro, cuarenta y cinco,**
	veintinueve, sesenta y dos

This may not apply to some important numbers.

Paco arrives at the hotel where he is to stay in Santander for the conference. He is asked to complete a registration card. Study the card before reading the information that follows it.

Nombre..

Apellidos..

.... Fecha de nacimiento ....

Dirección..

....

Nacionalidad .... DNI N°/ ....

Expedido en .... Fecha ....

The first requirement is Paco's first (or Christian) name; **nombre** can mean name in general, or first name in particular. **Apellidos** are *surnames* (remember the Spanish have two). He then has to give his date of birth, address, nationality and identity card number, and the place and date of its issue. **DNI** stands for **Documento Nacional de Identidad**, the identity card all Spaniards have. It is popularly called **el carnet** (or **el carné**) and must be carried by all Spaniards when they're away from home. Visitors to Spain should use their passport numbers.

Practice

1   **See if you can answer the following questions, as they apply to yourself.**

   a ¿Cuál es su apellido?

   b ¿Cómo se escribe?

   c ¿Dónde vive Vd.?

   d ¿Y su dirección exacta?

   e ¿Tiene Vd. número de teléfono?

   f ¿Cuál es su fecha de nacimiento?

   g ¿Tiene Vd. pasaporte y carnet, o solamente pasaporte?

   h ¿Qué nacionalidad tiene Vd.?

2   **Now fill out the form with your information.**

Conversations

Listen to the following short conversations if you have the recording, and practise reading them out loud – especially the numbers.

1 12.02 **When does B's licence expire?**

A	¿Tiene Vd. permiso de conducir?
B	Sí, tengo.
A	¿Qué número tiene?
B	Es el OP64302.
A	¿Cuál es la fecha de caducidad?
B	El cuatro de septiembre, del año 2022.

12.03 **What's the expiration date on B's card?**

A	¿Usa Vd. tarjeta de crédito? (Visa, 4B?)
B	Sí, claro.
A	¿Cuál es el número de la tarjeta?
B	Es el 21436580.
A	¿En qué fecha caduca?
B	Caduca el dos de mayo, de 2015.

12.04 **What's B's policy number?**

A	¿Tiene Vd. seguro de accidente?
B	Sí, tengo.
A	¿Cuál es el número de la póliza?
B	El número de la póliza es FL6724.

V New words

permiso de conducir	*driving licence*
fecha de caducidad	*expiry date*
caduca	*it expires*
tarjeta	*card*
seguro	*insurance*
póliza	*policy*

2 **Isabel has lost her purse while visiting a friend in Bilbao. She goes to the police station and is asked for various personal details. Match the answers (a–f) with the questions (i–vi).**

a ¿Sus apellidos, por favor?
b ¿Y su nombre?
c ¿Dónde vive Vd.?
d ¿Su fecha de nacimiento?
e ¿Su carnet, por favor?
f ¿Cuándo vuelve Vd. a Madrid?

i Aquí lo tiene.
ii El doce de mayo, 1986.
iii Isabel.
iv El día 20.
v Ballester García.
vi Almagro 14, 6°A, Madrid.

3 Say the following prices, telephone numbers and years out loud.

a 3€
b 7,42€
c 1€
d 0,60€
e 15€
f 300,50€
g 900 libras
h 1995
i 1984
j 2013
k tel. 64910
l tel. 487326

Speaking

1 12.05 **Talking to Paco (use tú), ask him the questions indicated to complete the following conversation and read his answers out loud.**

a	**You**	*Ask if he has an identity card.*
	Paco	Sí, tengo, naturalmente, como todos los españoles.
b	**You**	*Ask what the number is.*
	Paco	Es el 4.768.905.
c	**You**	*Ask when it expires.*
	Paco	Caduca el 7 de octubre, de 2024. Los carnets caducan a los diez años.
d	**You**	*Ask whether he has a driving licence.*
	Paco	Sí, aquí está.
e	**You**	*Ask whether he has a passport.*
	Paco	Sí, tengo, pero caduca este año.
f	**You**	*Ask if he uses a credit card.*
	Paco	Sí, una tarjeta Visa.
g	**You**	*Ask if he is insured.*
	Paco	Sí, desde luego (*of course*).
h	**You**	*Ask what his insurance policy number is.*
	Paco	Es el 2040648.
i	**You**	*Ask where he lives.*
	Paco	En la calle Meléndez Valdés 5, 3°D.
j	**You**	*Ask for his telephone number.*
	Paco	Es el 2253819.
k	**You**	*Ask what his surnames are.*
	Paco	Son Ruiz Gallego; me llamo Francisco Ruiz Gallego.
l	**You**	*Ask how they are spelled.*
	Paco	Se escriben R-U-I-Z G-A-LL-E-G-O.

2 **Now give your own answers.**

En casa
At home

In this unit, you will learn how to:
▶ *talk about Spanish homes.*
▶ *use vocabulary for renting
accommodation in Spain.*

CEFR: (A1) *Can get an idea of the content
of simple descriptive material, picking up
familiar language and rereading as needed;
can use words and phrases related to concrete
situations*

Before you start

The word **casa** can be used to denote *home*, whether home is a house or
a flat. For example:

Me voy a casa.   *I'm going home.*

Paco no está en casa.   *Paco is not at home.*

It can also describe a building containing flats, for example:

Es una casa moderna de   *It's a modern ten-storey block.*
   diez plantas.

Or it can be a house in the normal sense, i.e. a two- or three-storey
building with single occupancy. A modern detached house in the
country or on the coast is usually **un chalet** (pronounced as in English)
and a semi-detached house **un chalet adosado**. As we have seen,
apartamento is used for a small flat, and the fashionable term for a one-
room flat is **un estudio**, corresponding to the English *studio flat*.

Reading

 13.01 *Listen to Isabel's description or read it twice, referring to the vocabulary list for words that you cannot guess.*

1 How many rooms in Isabel's house have a balcony?

Como ya saben Vds., vivo en la calle Almagro, número 14. Vivo con mis padres. Somos cuatro hermanos, pero mi hermana Margarita está casada y vive con su marido Luis. Así que viven cinco adultos en mi casa. Menos mal que es bastante grande. Tenemos cuatro dormitorios, un salón, un comedor y un pequeño cuarto de estar. Hay dos cuartos de baño y la cocina tiene al lado otro cuarto pequeño para lavar y planchar. Aunque la casa es vieja, tenemos calefacción central y todas las habitaciones son grandes, con techos altos. El salón y dos dormitorios son exteriores y tienen balcones a la calle.

Los demás cuartos dan a un patio bastante amplio, así que el piso tiene mucha luz. Me gusta mucho la casa, y también el barrio donde está.

(Note: From now on, the lists of new words and phrases will always give verbs in the infinitive, nouns in the singular and adjectives in the masculine singular, as you would find them in a dictionary.)

 NEW WORDS

ya	*already*
saber	*to know*
así que	*so*
menos mal que	*it's just as well that*
bastante	*fairly, reasonably*
el dormitorio	*bedroom*
el salón	*sitting room*
el comedor	*dining room*
el cuarto de estar	*living room*
el cuarto de baño	*bathroom*
la cocina	*kitchen*

el lado	*side*
lavar	*to wash, clean*
planchar	*to iron, press*
aunque	*although*
viejo	*old*
la calefacción	*heating*
la habitación	*room*
el techo	*ceiling*
alto	*high*
exterior	*outside (i.e. on the frontage of the building)*
los demás	*the rest, the others*
dar a	*to look on to*
amplio	*ample, spacious*
la luz	*light*
el barrio	*district, neighborhood*

 13.02 *Now Paco describes his flat.*

2 What appliances does Paco have in his kitchen?

Vivo en un piso moderno alquilado en la calle Meléndez Valdés, de Madrid. Es muy pequeño – es más apartamento que piso. Tiene un dormitorio, un salón, una cocina y un cuarto de baño. Las habitaciones son todas pequeñas – el piso no es apto para una familia. Pero para mí es muy práctico porque está ideado para las personas profesionales. La cocina está muy bien instalada con nevera, lavadora y fregaplatos. También hay un horno microondas. Hay instalación de aire acondicionado y vídeo-portero. Me arreglo muy bien allí.

 NEW WORDS

apto	*suitable*
ideado	*designed*
instalado	*equipped*
la nevera	*fridge*
la lavadora	*washing machine*
el fregaplatos	*dishwasher*
el horno microondas	*microwave oven*
instalación de ...	*equipped with ...*
aire acondicionado	*air conditioning*
vídeo-portero	*video entryphone*
arreglarse	*to manage*
allí	*there*

Speaking

Imagine you are trying to rent accommodation for a month's holiday.
You go to the Agencia Solymar, which is somewhere on the Costa Blanca.
Read what the employee of the agency says, and supply the missing
*lines. See how far you can go before you look at **Diálogo 2**, where the*
*roles are reversed. Go right through to the end of **Diálogo 1** without*
giving up – miss out lines that you can't manage.

 DIÁLOGO 1

13.03

Empleado	Buenos días. ¿En qué puedo servirle?
You	*Say you want to rent a villa or a flat for the month of August.*
Empleado	Nos queda muy poco para agosto. ¿Para cuántas personas es?
You	*Say it's only for two people. You would like a house with a garden.*
Empleado	Tengo dos chalets, pero son grandes, con cuatro dormitorios.
You	*Say they are too big.*
Empleado	Para dos personas tengo un apartamento solamente.
You	*Ask if it's near the beach.*
Empleado	No muy cerca. Está en el centro. Es muy conveniente para todo.
You	*Ask for more details.*
Empleado	Aquí tiene Vd. un plano. Salón, dormitorio, cuarto de baño, cocina. El salón tiene un sofá y dos butacas, y el dormitorio cama de matrimonio.
You	*Ask what floor it's on.*
Empleado	La cuarta. Es una casa moderna. Tiene mucha luz.
You	*Ask if there is a refrigerator in the kitchen.*
Empleado	Sí. Una nevera grande, y cocina de gas butano.
You	*Ask what is in the bathroom.*
Empleado	Un baño con ducha, lavabo, wáter y bidet. Hay agua caliente en la casa.
You	*Ask if there is air conditioning.*
Empleado	No. Pero es exterior y está muy bien ventilado.
You	*Assume there is a television.*
Empleado	Sí. La casa tiene antena parabólica. Recibe todos los canales.
You	*Ask what the rent is.*
Empleado	En agosto, novecientos euros al mes, pago por adelantado.
You	*Thank him. You will think it over.*

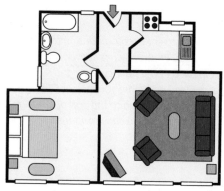

Some of the Spanish in **Diálogo 1** may well have stumped you. So here is the same dialogue again, with the languages reversed. This time try to supply what the employee of the Agencia Solymar says, and note what you might have said in **Diálogo 1**. See how much you can do without looking back.

DIÁLOGO 2

You	*Greet the customer. Ask how you can help.*
Cliente	Buenos días. Quisiera alquilar un chalet o un piso para el mes de agosto.
You	*Say you have very little left for August. Ask how many people it's for.*
Cliente	Para dos personas solamente. Quisiera una casa con un jardín.
You	*Say you have two villas, but they are big ones, with four bedrooms.*
Cliente	Son demasiado grandes.
You	*Say that you have only got one apartment for two people.*
Cliente	¿Está cerca de la playa?
You	*Say that is it not very near. But it is in the centre, and very convenient for everything.*
Cliente	¿Tiene más detalles?
You	*Say here is a plan: sitting room, bedroom, bathroom, kitchen. The sitting room has a sofa and two armchairs. There is a double bed in the bedroom.*

Cliente	¿En qué planta está?
You	*Say on the fourth. It's a modern house, and it's very light.*
Cliente	¿Hay una nevera en la cocina?
You	*Say yes. A large refrigerator, and a calor gas cooker.*
Cliente	¿Qué hay en el cuarto de baño?
You	*A bath with a shower, a washbasin, a lavatory and a bidet. The house has a mains hot water supply.*
Cliente	¿Hay aire acondicionado?
You	*No, but the flat is on the outside of the building and is well ventilated.*
Cliente	Hay una televisión, ¿verdad?
You	*Yes. Say the house has a dish aerial and can receive all the channels.*
Cliente	¿Cuánto es el alquiler?
You	*Say in August, nine hundred euros a month, payable in advance.*
Cliente	Muchas gracias. Lo voy a pensar.

Repeat both the exercises until you can do each without referring to the other.

14 *El tiempo libre*
Free time

In this unit, you will learn how to:
▶ *talk about things to do and places to visit.*
▶ *form some useful irregular verbs.*

CEFR: (A1) *Can understand sentences and frequently used expressions related to areas of most immediate relevance; can get an idea of the content of simple informational materials*

Reading

14.01 *Listen to or read Paco's description of his leisure time. See how much you can understand before you refer to the following vocabulary list. Then do the same with what Isabel and Sr. Méndez say.*

1 Where does Paco go in August? What does he do there?

Como paso mucho tiempo en la oficina sentado, me gusta hacer ejercicio para estar en forma. Hay un gimnasio cerca de mi casa y voy allí dos veces por semana cuando tengo tiempo. Los fines de semana en verano juego al tenis con amigos o vamos todos a la piscina para nadar. En invierno juego al squash en el gimnasio. No veo mucho la television, pero me gusta ir al cine o al teatro. No puedo salir todas las tardes porque a veces tengo trabajo para un cliente particular que hago en casa. Mis padres viven en Alicante y siempre voy allí para las vacaciones. Durante el mes de agosto no hago nada sino comer, beber, nadar y tomar el sol. ¡Es estupendo!

New words

sentado	*seated, sitting*
estar en forma	*to keep fit*
dos veces por semana	*twice a week*
el fin de semana	*weekend*
el verano	*summer*
jugar a	*to play (sports)*
la piscina	*swimming pool*
ver	*to see, watch*
a veces	*sometimes*
particular	*private (i.e. not particular)*
siempre	*always*
durante	*during*
no hago nada sino ...	*I do nothing but ...*
nadar	
to swim	
estupendo	
marvellous	

Ahora, vamos a preguntar a Isabel cómo pasa ella el tiempo libre.

 **14.02 Where do Isabel and her friends like to go?**

Yo no hago ningún deporte.
No me interesa mucho. Prefiero la música. Me gusta muchísimo la música. Toco un poco el piano y la guitarra y voy a muchos conciertos. A veces salgo con Paco y otros amigos al teatro o al cine. También voy a museos y galerías cuando hay una exposición especial.

New words

ningún deporte	*no sport at all*
tocar	*to play (music, instrument)*
la galería	*gallery*
la exposición	*exhibition*

Y ¿qué deporte hace Vd., Sr. Méndez?

 14.03 What is Mr Méndez's favourite football team?

¡Uf! Yo no hago deporte ahora. Soy demasiado viejo. Pero me gusta el fútbol. Cuando hay un partido en la televisión siempre lo veo; sobre todo cuando juega el Atlético de Madrid. Y cuando ponen la Copa de Europa o la Copa Mundial, me lo paso muy bien. Mi señora y yo vamos al teatro de vez en cuando. Nos gustan las zarzuelas que ponen en el Teatro de la Villa. Pero salimos poco, salvo al café.

New words

el partido	*match*
sobre todo	*above all*
poner	*to put (on)*
me lo paso muy bien	*I enjoy it very much*
de vez en cuando	*occasionally, from time to time*
la zarzuela Spanish	*operetta*
salvo	*except*

2 Complete the answers to the following questions.

Isabel y el Sr. Méndez no hacen deporte. ¿Por qué no?

    a A Isabel _____

       El Sr. Méndez _____

¿Qué cosas les gustan?

    b A Isabel _____

       Al Sr. Méndez _____

¿Cómo sabemos que les gusta la música o el fútbol?

    c Isabel _____

       El Sr. Méndez _____

¿Con quiénes van al teatro de vez en cuando?

    d Isabel _____

       El Sr. Méndez _____

¿Adónde salen, si no es al teatro?

    e Isabel _____

       Los Sres. Méndez _____

# Language discovery

Find these verb forms in the reading.

a Paco: I go _____ , I have _____ .

b Isabel: I do _____ , I go out _____ .

c Sr. Méndez: I see _____ , We go out _____ .

Here are some useful verbs which have already occurred here and there but which it would be helpful for you to learn in full. They belong in the groups mentioned in Unit 8, but you will see that some have slightly irregular forms. Learn the patterns of these verbs, which will help you with others later.

	dar *to give*	ir *to go*	ver *to see*
I	doy	voy	veo
you **(tú)**	das	vas	ves
he/she/you **(Vd.)**	da	va	ve
we	damos	vamos	vemos
you **(vosotros)**	dais	vais	veis
they/you **(Vds.)**	dan	van	ven
	tener *to have*	hacer *to do, make*	poner *to put*
I	tengo	hago	pongo
you **(tú)**	tienes	haces	pones
he/she/you **(Vd.)**	tiene	hace	pone
we	tenemos	hacemos	ponemos
you **(vosotros)**	tenéis	hacéis	ponéis
they/you **(Vds.)**	tienen	hacen	ponen
	decir *to say*	seguir *to follow*	salir *to leave, go out*
I	digo	sigo	salgo
you **(tú)**	dices	sigues	sales
he/she/you **(Vd.)**	dice	sigue	sale
we	decimos	seguimos	salimos
you **(vosotros)**	decís	seguís	salís
they/you **(Vds.)**	dicen	siguen	salen

Practice

To complete sentences a–n, choose one of the various words or phrases i–xx given below.

a A Paco le gusta jugar _____ .

b Se va al gimnasio para _____ .

c Generalmente, se juega al tenis en _____ .

d Paco nada con sus amigos en _____ .

e En invierno, Paco juega al _____ .

f Paco va siempre _____ para las vacaciones.

g A Isabel _____ el deporte.

h Isabel _____ el piano y _____ .

i Isabel sale _____ con sus amigos.

j Isabel va a _____ y _____ cuando hay _____ especial.

k El Sr. Méndez no hace deporte _____ .

l Cuando hay un _____ de _____ en la television, el Sr. Méndez _____ lo ve.

m Los Sres. Méndez van _____ a veces.

n En el Teatro de la Villa _____ las zarzuelas. Les _____ a los Sres. Méndez las zarzuelas.

i	toca
ii	squash
iii	no le gusta
iv	museos
v	verano
vi	a veces
vii	ahora
viii	estar en forma
ix	partido
x	al teatro
xi	galerías
xii	al tenis
xiii	a Alicante
xiv	ponen
xv	la guitarra
xvi	gustan
xvii	fútbol
xviii	la piscina
xix	siempre
xx	una exposición

 Reading

1 **Look at the two tickets. Then read the information about the Museo Municipal de Madrid and the Teatro Español.**

Aquí tenemos entradas para dos centros patrocinados por el Ayuntamiento de Madrid.

El Museo Municipal de Madrid, Fuencarral 78, es muy interesante: queda ilustrada toda la historia de la capital de España. Madrid tiene muchos museos y galerías. El más importante es sin duda el Museo del Prado, galería de arte de fama mundial.

El Teatro Español está especializado en la representación del teatro clásico de la literatura española. La entrada que tenemos aquí es para la función de la tarde, que empieza a las siete; hay otra función de la noche, que empieza a las diez o a las diez y media. Este teatro está subvencionado y las entradas no son muy caras.

 New words

patrocinado por	*sponsored by*
Ayuntamiento	*Town Hall*
sin duda	*without doubt*
mundial	*world (adjective, the noun is **el mundo**)*
empezar	*to start*
subvencionado	*subsidized*
butaca	*armchair, stalls (in the theatre)*

2 **Now answer these questions.**

    a ¿En qué calle está el Museo Municipal de Madrid?

    b ¿Es necesario pagar para entrar en el museo?

    c ¿Qué número tiene la entrada?

    d ¿Y para qué función es la entrada del teatro?

    e ¿En qué fila está la butaca?

15 Viajando por España
Travelling in Spain

In this unit, you will learn how to:
▶ *ask for and give directions.*
▶ *talk about driving in Spain.*

CEFR: (A1) *Can ask for and give directions; can get simple information about travel; can ask for and give directions referring to a map or plan*

Conversations

1 First, look at the plan of part of Madrid. Then study the new words after Diálogo 4. Read them out loud. Finally, listen to four short conversations. What place is each person looking for? Mark the plan with numbers 1–4.

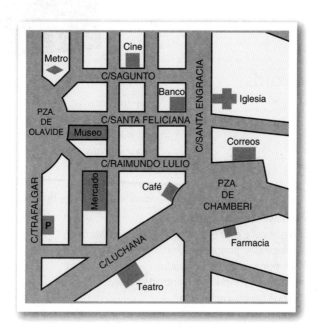

2 Now read the four conversations. Check your answers to Exercise 1.

Diálogo 1

 15.01 **Isabel sale de la farmacia cuando una señora le pregunta …**

Isabel is coming out of the chemist's when a lady asks her …

Where does Isabel tell the woman to go?

Señora	Perdone. ¿Puede Vd. decirme dónde está Correos?
Isabel	Está allí. Al otro lado de la plaza.
Señora	Ya lo veo. Muchas gracias.

Diálogo 2

 15.02 **La Sra. Méndez sale del café cuando una chica le pregunta …**

Mrs Méndez is coming out of the café when a girl asks her …

Should the girl turn left or right at the first street?

Chica	Perdone, señora. ¿Hay una estación de metro cerca de aquí?
Sra. Méndez	Sí. Toma la primera calle aquí a la izquierda, sigue hasta el final, y el metro está en el mismo lado de la plaza, a la derecha.

Diálogo 3

 15.03 **Paco está en la Plaza de Olavide cuando un señor le pregunta …**

Paco is in the Plaza de Olavide when a man asks him …

What street is Paco on when the man approaches him?

Señor	Oiga. ¿Hay un banco por aquí?
Paco	Sí. Tome esta calle – Santa Feliciana. Después de cruzar dos calles, en la esquina de la tercera, hay un banco – frente a la iglesia.

Diálogo 4

 15.04 **En el café, un chico pregunta al Sr. Méndez ...**

In the café, a boy asks Mr Méndez ...

Should the boy turn left or right when he leaves the café?

Chico	Perdone, señor. ¿Cómo se va al Cine Sagunto?
Sr. Méndez	Cuando sales de aquí, dobla a la izquierda, y toma la tercera calle también a la izquierda, después del banco. El cine está a la derecha.
Chico	Muchas gracias, señor.

 NEW WORDS

¿Puede Vd. decirme ...?	*Could you tell me ...?*
Correos	*the post office*
ya lo veo	*oh yes, I see it* (literally, *I already see*)
en el mismo lado	*on the same side*
al otro lado	*on the other side*
a la derecha/izquierda	*to/on the right/left*
tomar	*to take*
cruzar	*to cross*
la esquina	*corner*
el tercero	*the third (one)*
frente a	*opposite*
la iglesia	*church*
doblar	*to turn*

3 Complete the sentences about the four conversations.

a Isabel directs the woman to _____. In English, that means _____.

b The woman thanks Isabel by saying, _____.

c Mrs Méndez gives the girl directions to _____. The phrase for this in Spanish is _____.

d Paco gives the man directions to _____. It's opposite a _____. The Spanish word for this is _____.

e The boy asks Mr Méndez how to get to a _____. The name of the cinema is _____.

# Language discovery

Look at the conversations again. How do the speakers address each other – as tú or as Vd.? Think about each person's reason for the formality or informality.

a In Diálogo 1, both the woman and Isabel use _____ .

b In Diálogo 2, the girl uses _____ and Mrs Méndez uses _____ .

c In Diálogo 3, both the man and Paco use _____ .

d In Diálogo 4, the boy uses _____ and Mr Méndez uses _____ .

TELLING PEOPLE TO DO THINGS

When Mr and Mrs Méndez talk to the young people, i.e. people they would address as **tú**, asking the way, they say **toma** (*take*). Paco, talking to an unknown older man, whom he would address as **Vd.**, says **tome** (*take*):

toma (tú)   **tome (Vd.)**

When you are giving what amounts to a command, and you are talking to someone as **tú**, the word will end with **-a** or **-e**, whichever is characteristic of the verb (see Unit 8). For example:

toma	*take*	**pregunta**	*ask*
sigue	*follow, continue*	**bebe**	*drink*
dobla	*turn*	**vuelve**	*return*

However, if you are addressing someone as **Vd.**, the **-a** and **-e** are reversed. For example:

tome Vd.	doble Vd.	beba Vd.
siga Vd.	pregunte Vd.	vuelva Vd.

If this isn't confusing enough, there are several common forms of these commands which do not follow this pattern! These are best learned as you meet them. For example, here are a few very useful ones:

di (tú)	*tell*	**dime (tú)**	*tell me*
diga (Vd.)	*tell*	**dígame (Vd.)**	*tell me*
sal (tú)	*leave*	**salga (Vd.)**	*leave*

¡Sal de aquí inmediatamente!   *Leave here immediately!*

Practice

1 **Answer the questions with reference to the plan in the Conversations section.**

a ¿Hay un parking (un aparcamiento) cerca del museo?

b ¿Dónde está?

c ¿Qué hay frente a la iglesia?

d ¿En qué calle está el mercado?

e ¿Se puede ver la farmacia desde Correos?

f ¿El teatro y el café están en el mismo lado de la calle?

g La estación de metro ¿está más cerca del teatro o del cine?

h El banco de la calle Santa Engracia ¿en qué esquina está?

2 **Now see if you can give directions to various people, using the same plan.**

a You are standing on the calle Santa Engracia, just outside the church. A little girl asks you how to get to the Post Office. What do you say?

b You are leaving the cinema, and an elderly gentleman asks you where the museum is. What do you say?

c As you emerge from the Metro station, a woman asks you if there is a chemist's nearby. Direct her to the one in Plaza de Chamberí.

d A teenager approaches you while you're sitting outside the café in Plaza de Chamberí, and asks you the way to the cinema. What do you say?

Reading

15.05 *Look at the map and listen to or read the information about driving in Spain. Refer to the vocabulary if necessary, but see how much you can understand. If you have the recording, listen to it in whole paragraphs, repeating as necessary, rather than using the pause button.*

1 During which two months should you avoid driving in Spain? Why?

Un modo muy conveniente de viajar por España para conocer sus viejas ciudades y su paisaje es ir en coche. Pero hay que tener en cuenta que España es un país de lejanos horizontes: las distancias pueden ser grandes. Además, en verano puede hacer un calor intenso y muchas horas en coche pueden resultar insoportables. Sin embargo, si se planea un itinerario práctico y se escoge una época del año apropiada, es agradable viajar por las buenas carreteras que ofrece España al turista.

Como vemos en el pequeño mapa, muchas carreteras principales radian de Madrid. La que va al norte es la Nacional I, que llega a San Sebastián y la frontera francesa, pasando por Burgos. La carretera de Cataluña, la Nacional II, va desde Madrid a Barcelona. Es la Nacional III la que va a Valencia, y la IV es la carretera de Andalucía. La carretera de Portugal, la Nacional V, cruza la frontera cerca de Badajoz; la carretera de Galicia termina en La Coruña y es la Nacional VI. Estas carreteras son todas autovías/autopistas y llevan los números A1 a A6.

Las más importantes son tal vez la autopista que va por la costa desde Francia hasta más allá de Alicante (A7), y la que conecta Bilbao y Barcelona, grandes centros industriales (A2 y A68).

Como siempre, hay que conducir con precaución, y no ir demasiado rápido. En España hay un elevado porcentaje de accidentes. Sobre todo hay que evitar las fechas en julio y agosto cuando millones de españoles se desplazan para sus vacaciones.

 NEW WORDS

el paisaje	*landscape*
tener en cuenta	*to bear in mind*
un país	*a country*
lejano	*distant*
además	*besides, moreover*
el calor	*heat*
resultar	*to turn out to be, prove to be*
insoportable	*unbearable*
sin embargo	*nevertheless, however*
si se planea	*if you plan*
escoger	*to choose*
época	*time, period*
agradable	*pleasant, agreeable*
la carretera	*road*
radiar	*to radiate*
el norte	*the north*
la frontera	*frontier*
desde ... hasta	*from ... to, until*
terminar	*to end*
la autovía/la autopista	*motorway*
de peaje	*toll-paying*
tal vez	*perhaps*
más allá	*beyond*
conducir	*to drive*
un elevado porcentaje	*a high percentage, a high rate*
desplazarse	*to move from one place to another*

2 15.06 **Answer the following questions.**

a Para ir desde Madrid a Cádiz, ¿qué carretera hay que tomar? ¿Se pasa por Granada?

b ¿Dónde se cruza la frontera, si se va desde Madrid a Portugal?

c ¿Hay mucha distancia entre Gijón y Oviedo?

d ¿Madrid está cerca de Toledo?

e ¿Cuál está más cerca de Madrid, Valencia o Barcelona?

f Para ir desde Francia a Alicante, ¿qué carretera se toma?

g ¿Qué ciudades hay entre Badajoz y Gijón?

h ¿Cuál es más grande, España o Portugal?

i ¿Santiago está en Galicia o en Cataluña?

Speaking

 15.07 *You have just come from a driving holiday in Spain, and your friend is asking you about it. Give your answers according to the guidelines to complete your conversation.*

Pedro	Dime, ¿hay buenas carreteras en España?
a You	*Say yes, the roads are good, but the distances are great.*
Pedro	¿Viajar en coche es un buen modo de ver el paisaje?
b You	*Say yes, and you like the distant horizons.*
Pedro	¿Hace mucho calor en mayo en España?
c You	*Say it is hot in May, but in July, August and September it is intensely hot, and it is unbearable to spend the whole day in the car.*
Pedro	¿Hay autopistas en España?
d You	*Say yes, but they are toll-charging, and you prefer the smaller roads. Nevertheless, you like the motorway that connects Bilbao and Barcelona.*
Pedro	¿Hay demasiados coches en las carreteras?
e You	*Say not in May, but you still have to drive carefully and not go too fast. In July and August, there are too many cars because millions of Spanish families are going from one place to another for their holidays.*

16 No me siento bien
I don't feel well

In this unit, you will learn how to:
▶ *use vocabulary for dealing with minor health problems.*

CEFR: (A1) *Can describe in simple terms matters in areas of immediate need; can make a complaint*

 Language discovery

Read the following paragraph.

SAYING WHERE IT HURTS AND THAT YOU FEEL ILL

If you're unlucky enough to fall ill while in a Spanish-speaking country, you'll need to know how to say what the problem is. Here is the basic way of indicating where the pain is. We use **me duele/me duelen** (literally, *it hurts me/they hurt me*) with the name(s) of the part(s) affected. For example, you say:

Me duele la cabeza.   **Me duele una muela.**

to say that you have a headache or toothache.

Here are some other parts of the body which can hurt:

Me duele el cuello.	*neck*
Me duele el estómago.	*stomach*
Me duele la espalda.	*back*
Me duele el brazo.	*arm*
Me duele la mano.	*hand*
Me duele la pierna.	*leg*
Me duele el pie.	*foot*

Note we say **la mano** even though the word ends in **-o**.

If the pain you feel is the result of a blow or knock, you can say:

Me he dado un golpe en la cabeza.	*I have hit my head. (literally, I have given myself a blow on the head.)*

or

Me he dado un golpe en el pie.	*I have knocked my foot.*

Speaking of a third person, you would say:

Se ha dado un golpe en la cabeza/el pie.	*He/She has knocked his/her head/foot.*

Notice you say *the head, the foot* rather than *my, his* or *her head* or *foot*, etc.

If you are unlucky enough to be bitten or stung, you would say:

Tengo una picadura en la mano.	*I have stung my hand.*

Of a child who has cut or grazed his or her knee, you would say:

Tiene un corte en la rodilla.	*He/She has cut his/her knee.*

or

Se ha rasguñado la rodilla.	*He/She has grazed his/her knee.*

Other things that can go wrong on holiday in Spain are:

Tengo algo en el ojo.	*I've got something in my eye.*
Tengo el ojo irritado.	_____
Tengo el ojo inflamado.	_____
Tengo un esguince	*a sprain*
Tengo el tobillo hinchado.	*a swollen ankle*
Tengo la piel *(skin)* **irritada.**	_____
Tengo una quemadura.	*a burn*
Tengo una quemadura del sol.	*sunburn*

(*Sunstroke* – rather more serious – is **una insolación**.)

Tengo diarrea.

Tengo colitis.

These last two are obvious. They are easily avoidable if you wash or peel all fruit, wash salads very thoroughly, and drink only from hygienic sources (and refuse ice in drinks unless you are sure of it).

Tengo fiebre.	*I have a temperature.*
Se toma la temperatura con un termómetro.	*You take a temperature with a thermometer.*
La temperatura normal es de treinta y siete grados (37°).	*A normal temperature is 37°C.*
El niño tiene unas décimas.	*The boy has a slight temperature (**unas décimas,** a few tenths of a degree).*

We have already had **estoy constipado** (see Unit 4). You can also say:

Tengo un catarro.

Now for some remedies. For minor emergencies, a visit to the chemist will probably suffice, and if you can explain the problem, he or she will be able to provide an appropriate remedy. We hope you will not need to ask for:

un médico	*a doctor*
un dentista	*a dentist*
las horas de consulta	*surgery hours*
una clínica	*a clinic*
un hospital	*a hospital*

 ## Practice

How would you say these sentences in Spanish?

  a My eyes hurt.
  b My daughter has a temperature.
  c My back hurts.
  d I have stung my foot.
  e He has cut his hand.
  f My hand is inflamed.
  g Does Mr Sánchez have a cold?

Speaking

 16.01 *Your friend Ignacio is a hypochondriac. You make the mistake of asking him how he is. Complete your own part of the conversation (use* **tú**).

a You	*Say hello and ask him how he is.*
Ignacio	No estoy muy bien. No sé lo que me pasa. Me duele todo.
b You	*Ask him if he has a cold.*
Ignacio	No. Pero no me siento bien.
c You	*Ask him if he has a temperature.*
Ignacio	No sé. Voy a ponerme el termómetro. ¿Qué dice?
d You	*Tell him it says 37°. He hasn't got a temperature.*
Ignacio	Estoy seguro que tengo una insolación.
e You	*Ask him if he has a headache.*
Ignacio	Sí. Me duele mucho.
f You	*And a stomachache?*
Ignacio	Sí. Me duele un poco.
g You	*Tell him he doesn't feel well because he drinks too much.*

 Reading 1

LA FARMACIA *THE CHEMIST'S*

1 Read the information below. Can you work out the meaning of the following words?

a una alergia
b una píldora

El señor o la señora que trabaja en la farmacia es el farmacéutico o la farmacéutica. La farmacia se indica con una cruz verde. En general, se puede comprar medicamentos en la farmacia sin receta médica. Un medicamento puede ser un antibiótico, un antiséptico, o un analgésico, y puede tener la forma de unas píldoras o unos comprimidos, una pomada, una loción, una medicina, o unas gotas.

Penicilina es un antibiótico. Alcohol es un antiséptico. Aspirina y codeína son analgésicos. Para una alergia se puede tomar unas píldoras antihistaminas, o poner una inyección. También en la farmacia se puede comprar una venda, unas tiritas, una tobillera, o algodón en rama, preservativos, y muchas otras cosas.

NEW WORDS

una cruz verde	*a green cross*
comprar	*to buy*
sin receta médica	*without a prescription*
comprimidos	*tablets*
una pomada	*cream*
gotas	*drops*
una venda	*bandage*
tiritas	*sticking plasters*
una tobillera	*ankle support*
algodón en rama	*cotton wool*
preservativos	*contraceptives (condoms)*

2 16.02 **You have all kinds of minor problems and go to the chemist's for some help. Can you make the following requests?**

  a Ask if they have a lotion for sunburn.
  b Say that you have cut your foot and ask for an antiseptic cream and a bandage.
  c Say that you have a stomachache.
  d Say that you have toothache and ask for a painkiller.
  e Say that your son does not feel well and that he has a temperature.
  f Ask for drops for an inflamed eye.
  g Say that your ankle is swollen and you want an elastic support.
  h Say that you need to see a doctor and ask what his surgery hours are.

 Reading 2

Finally in this unit, let us look at a sample of Spanish which makes no concessions at all for the learner. Let us suppose that someone in your family has an inflammation of the throat, and the chemist provides you with a throat spray, which he recommends for all types of mouth and throat infections. On the facing page is the leaflet you find inside the package. How much of it can you understand?

Much of it will be incomprehensible, but you should be able to decipher the most important parts, which say what the preparation is for and give the dosage. The second section, **Indicaciones**, says that this product is suitable for, amongst other things, tonsillitis (**amígdalas** *tonsils*), pharingitis, laryngitis and mouth ulcers. The dosage for treatment is one or two applications every two or three hours, or one every six hours as a preventative. (**Cada** is a useful word, meaning *each* or *every*.) Further down, you can probably work out that there seem to be no possible side effects or harmful results from over-dosage. The middle section is the most difficult to unravel – it tells you how to use the spray. **Una válvula dosificadora** is a valve which regulates the amount released with each downwards pressure of the button. The last line is the usual warning that medicines should be kept out of reach of children.

 16.03 **Read the leaflet. Then answer these questions.**

    a ¿Cómo se llama el medicamento?
    b El medicamento ¿es un spray o es una pomada?
    c ¿Cuántos mililitros tiene el envase?
    d ¿Para qué clase de infección es el tratamiento?
    e ¿Cuál es la dosis preventiva?
    f ¿Y la dosis curativa?
    g ¿Hay efectos secundarios?
    h ¿Dónde se fabrica el medicamento?

Check with the Answer key if you find these questions difficult and then study the leaflet again to see how the Spanish works.

Anginovag®

Composición

Por 100ml.:

Dequalinium cloruro (D.C.I.)	0,100 g.
Enoxolona (D.C.I.)	0,060 g.
Acetato de hidrocortisona (D.C.I.)	0,060 g.
Tirotricina (D.C.I.)	0,400 g.
Lidocaína clorhidrato (D.C.I.)	0,100 g.
Sacarina sódica	0,320 g.
Excipiente aromatizado c.s.p.	70,000 ml.
Propelente (Diclorodifluormetano)	c.s.

Indicaciones

Tratamiento preventivo-curativo de las afecciones bucofaríngeas:

Amigdalitis. Faringitis. Laringitis. Estomatitis. Úlceras y Aftas bucales. Glositis.

Dosificación

Dosis de ataque: 1–2 aplicaciones cada 2–3 horas.

Dosis de sostén o como preventivo: 1 aplicación cada 6 horas.

Normas para la correcta aplicación del preparado

Abrir bien la boca. Dirigir la boquilla inhaladora hacia la región afectada (garganta, boca, lengua, etc ... según casos).

Presionar la parte superior de la cápsula de arriba a abajo hasta el tope, manteniendo el frasco en posición vertical.

El frasco se halla provisto de una válvula dosificadora: cada presión hasta el tope origina la salida regulada de medicamento.

Contraindicaciones, efectos secundarios e incompatibilidades

No se conocen.

Intoxicación y posible tratamiento

Dada la escasa toxicidad del preparado, no se prevé la intoxicación, ni aún accidental.

Presentación

Envases conteniendo 20 ml.

Los medicamentos deben mantenerse fuera del alcance de los niños.

 LABORATORIOS NOVAG. S.A.

Director Técnico: X. Vila Coca Buscallá s/n – San Cugat del Vallés Barcelona – España

17 ¡Vamos de compras!

Let's go shopping!

In this unit, you will learn about:
▶ *shopping in the market.*
▶ *shopping in a department store.*

CEFR: (A2) *Can find specific information in everyday material such as receipts and shopping lists; can handle numbers, quantities and costs; can make simple transactions in shops*

Before you start

The advent of the supermarket and the hypermarket has made some shopping a non-language experience in that it is possible to buy most common items without speaking a word of Spanish. However, 'real' shopping, where you need to make your wants known to the shopkeeper, can be great fun. Much everyday shopping in Spain takes place at the stall of a covered market. This is the aspect we shall tackle first in this unit.

Reading

 17.01 **Read and listen to the following story.**

La Sra. Méndez va de compras con su marido. En la frutería-verdulería compra:

2 kg de naranjas	*oranges*
½ kg de limones	*lemons*
1 kg de peras	*pears*
½ kg de fresas	*strawberries*
1 kg de patatas	*potatoes*
½ kg de acelgas	*Swiss chard*
una lechuga	*a lettuce*
½ kg de tomates	*tomatoes*
dos cabezas de ajo	*two heads of garlic*

En la pescadería hay:

salmón	_____
truchas	*trout*
pescadilla	*whiting*
bonito	*tuna*
gambas	*prawns*
sardinas	_____

Pero por fin compra dos rajas de merluza (*two pieces of hake*).

En la carnicería compra:

dos filetes de ternera	*two veal steaks*
½ kg de carne picada	*minced meat*

Ahora el pobre Sr. Méndez tiene cuatro bolsas y no puede llevar más. Pero está obligado a esperar mientras su mujer va a la droguería-perfumería a comprar detergente, lejía *(bleach)*, jabón *(soap)* y colonia. Después se van despacio a casa, pasando por la panadería, donde la señora compra pan y también leche.

(Note: A **droguería** sells household goods for cleaning; a **droguería-perfumería** will sell toiletries as well. Mrs Méndez does not on this occasion buy *ham* – **el jamón** – or cooked meats which she would get in **una charcutería**. A stall or shop which sells *cheese* – **el queso** – is **una quesería**, and *eggs* – **los huevos** – can be brought at **una huevería**. A general *grocery store* is called **una tienda de comestibles** or (more old-fashioned) **una tienda de ultramarinos**.)

 Practice

Here is a bill from a **frutería**. Read out loud the list of items, the price of each and the grand total.

```
               ALGOFRUIT
               FRUTAS BOIX S. L.
               CIF. B-03133543
             C\M. DE ASPRILLAS. 33
               ELCHE (ALICANTE)
V000107-02                      0000375
   30ABR07                        19:23

Kg                €/Kg               €
ACEITUNAS
NP       1x      0.99             0.99
PIMIENTO PADRON
NP       1x      1.89             1.89
PERA CONFERENCIA
0.915           1.85             1.69
NISPEROS
0.355           2.99             1.06
CEBOLLA SECA
0.915           1.50             1.37
KIWI
0.900           4.39             3.95
MELON
2.380           2.10             5.00
LIMON
0.600           0.69             0.41
TOMATE DANIELA
1.495           1.39             2.08
AJOS SECOS
0.125           3.99             0.50
BROCOLI
0.525           1.00             0.78

Tra.            11              19.72
Atendido por:
VENDEDOR 107   IVA INCLUIDO
```

Check your answers in the key. You will know all the words except perhaps:

aceitunas	*olives*
pimientos padrón	*small green peppers*
nísperos	*loquats (small yellow fruit with three large black pips and a sharp flavour)*
cebolla	*onion*

You can see the first two items are sold in a packet. The remainder show the weight in grams, the price per kilo, and the price per item.

Language discovery

Look at the list of common shops and shopkeepers and what they sell.

En la pescadería	el pescadero	vende pescado.
En la carnicería	el carnicero	vende carne (la carne).
En la panadería	panadero	vende pan (el pan).
En la pastelería	el pastelero	vende pasteles (los pasteles, cakes).
En la lechería	el lechero	vende leche (la leche).
En la librería	el librero	vende libros.
En la farmacia	el farmacéutico	vende medicamentos.
En la frutería-verdulería	el frutero	vende fruta y verduras.
En la droguería	se venden	artículos de limpieza.
En un quiosco	se venden	periódicos y revistas.

¡En un supermercado se vende de todo!

Una librería is not *a library*; it's *a bookshop*. *A library* is **una biblioteca**.

 Reading

1 **Read the information below. Can you work out the meaning of the following words?**

a comprobar

b la identidad

c recibir

En un gran almacén hay muchos departmentos y se venden muchísimas cosas – muebles, cristalería, ropa, etc., etc. En España el más famoso es tal vez 'El Corte Inglés' que tiene sucursales en Madrid y en otras ciudades de España. Cuando se compra algo en un gran almacén se puede pagar con dinero o con tarjeta de crédito (Visa, 4B, etc.). El dependiente pregunta '¿En efectivo?' para saber cómo se va a pagar. Cuando se paga con tarjeta de crédito, hay que tener otro documento (por ejemplo, un pasaporte) para comprobar su identidad. Es muy conveniente pagar con tarjeta porque así se evita el riesgo de llevar mucho dinero en la cartera. Por lo general se recibe la cuenta de la tarjeta de crédito al mes siguiente en su domicilio. Claro, no se puede pagar con tarjeta en la frutería o la carnicería, etc.

 NEW WORDS

los muebles	*furniture*
la cristalería	*glassware*
la ropa	*clothing*
la sucursal	*branch, outlet*
en efectivo	*in cash*
la cuenta	*the bill*
claro	*obviously*
evitar	*to avoid*
el riesgo	*risk*
el dinero	*money*
la cartera	*wallet, purse*
siguiente	*following*
el domicilio	*home address*

2 17.02 **Ask for:**
  a 2 kilos of oranges
  b 200 grams of ham
  c a litre of milk
  d 150 grams of cheese
  e 2 heads of garlic
  f a kilo of potatoes
  g 250 grams (**un cuarto** – ¼ kg.) of prawns
  h 3 salmon steaks (*steak of fish* – **una raja**)

3 17.03 **You are in a department store. Can you do the following?**
  a Ask where the perfume department is.
  b Ask if there is a pharmacy.
  c Ask where the cafeteria is.
  d Say you would like to pay by Visa.
  e Say you will pay cash.
  f Ask what floor the sports department is on.
  g Say that the bookshop is on the ground floor.

Comiendo y bebiendo
Eating and drinking

In this unit, you will learn how to:
▶ *order in a bar, café or restaurant.*
▶ *understand a little about Spanish cooking and the dishes and drinks available.*

CEFR: (A1) *Can find specific, predictable information in simple everyday material such as menus; can order a meal*

Diálogo 1

 18.01 *Isabel is spending the afternoon at Paco's apartment. They're going to go to the theatre later. Listen to or read their conversation.*

1 What kind of pizza is Paco going to order?

Paco	Tengo hambre. ¿Quieres comer algo antes de ir al teatro?
Isabel	Pues yo también tengo hambre. ¿Qué tienes en casa para comer?
Paco	Poca cosa, creo. ¿Llamamos para una pizza? Aquí tengo la lista. ¿Qué pizza quieres?
Isabel	A mí me gustan las pizzas de queso. ¿Pedimos una de cuatro quesos, que está aquí en la lista? ¿Te apetece?
Paco	Vale. Voy a llamar al centro más cercano.

 New words

más cercano	*nearest*
¿Pedimos?	*Shall we ask for/order?*
servicio a domicilio	*home delivery service*
anchoas	*anchovies*
manchego (queso manchego)	*an excellent Spanish cheese from La Mancha region*
gambas	*prawns*
jamón	*ham* (two sorts – Serrano and York)
champiñón	*mushroom*
pimiento morrón	*red pepper* (sweet pepper, usually in brine)
aceitunas	*olives*
cebolla	*onion*

2 Look back at the conversation and at the vocabulary list and ...

a Say that you are hungry.

b Ask what there is to eat.

c Ask someone else if he/she is hungry.

d Say you like pizzas.

e Ask someone else if he/she would like a pizza.

f Ask if he/she would like an anchovy pizza or a ham pizza.

g Say you'll ring for a pizza.

h Ask your friend if he/she wants beer or Coke.

i Say you'll buy two beers.

j Say you're going to have a coffee.

Diálogo 2

 18.02 *Mr and Mrs Méndez go to a café. Listen to or read the conversation.*

1 Are the Sres. Méndez having a snack or a meal?

Camarero	Buenas tardes, señores. ¿Qué van a tomar?
Sr. Méndez	Para mí un café con leche.
Camarero	¿Y para Vd., señora?
Sra. Méndez	Para mí un té con limón. ¿Qué tiene de pastelería?
Camarero	Hay tarta de manzana, pastel de chocolate, tostada ...
Sra. Méndez	Una ración de pastel, por favor.
Sr. Méndez	Voy a tomar una tostada.
Camarero	¿La quiere con miel o con mermelada?
Sr. Méndez	Sólo con mantequilla.
Camarero	Muy bien, señores, en seguida.

New words

merendar	*afternoon tea*
miel	*honey*
mermelada	*jam* (not just marmalade)
mantequilla	*butter*
manzana	*apple*
tostada	*toast*
en seguida	*at once, straight away*

2 **The statements below refer to the two conversations. Choose one of the phrases from the right to complete each of the sentences to the left.**

a A Isabel le gustan muchísimo

    i las gambas.
    ii las anchoas.
    iii los quesos.

b Paco tiene hambre, pero

    i no le gusta comer en casa.
    ii tiene poco para comer en casa.
    iii prefiere beber.

c Después de comer su pizza, Paco e Isabel

    i llaman por teléfono.
    ii van al teatro.
    iii van a la pizzería.

d La Sra. Méndez pregunta al camarero

    i qué hay de pastelería.
    ii si tiene un té con limón.
    iii qué quiere su marido.

e Hoy los Sres. Méndez van a la cafetería para

    i tomar un chocolate
    ii merendar
    iii hablar con el camarero

f El Sr. Méndez toma

    i una ración de pastel.
    ii una tostada con queso.
    iii una tostada con mantequilla.

3 Ask a friend (tú) if he/she wants …

    a a coffee.
    b tea with lemon.
    c chocolate tart.
    d toast with honey.
    e a cold beer.

Now ask an acquaintance (Vd.) the same questions.

Reading

1 **Read the information below. Can you work out the meaning of the following words? Check your guesses in the vocabulary that follows the reading. (Note: The verb comer means *to eat* in general; it also means to have the main meal of the day.)**

   a la cocina

   b fritos

   c el aceite

En España, hay muchos restaurantes y muchísimos bares en todas partes. Y también hay la combinación de las dos cosas – el bar-restaurante. En un bar-restaurante se puede desayunar, comer, cenar, tomar el aperitivo, tomar un café, o merendar. Los españoles en general no desayunan mucho – toman un café con leche y pan. Por eso a mediodía muchos de ellos tienen hambre y van a un bar a tomar una cerveza y tapas. Tapas son pequeñas porciones de comida y hay una gran variedad: mariscos, pescado, carne, tortilla, queso, chorizo y salchichón, etcétera, etcétera. Comer en pequeñas porciones se llama **picar**.

La cocina española es muy variada. Todas las regiones de España tienen sus platos típicos, por ejemplo la paella, que es de la región de Valencia. Se ofrece la paella a los turistas en todas partes, pero es un plato valenciano, porque allí se cultiva el arroz. Es evidente que es el clima y la agricultura de la región que determinan cómo son los platos regionales. En el norte, se come fabada en Asturias, mariscos en Galicia (que tiene mucha costa y barcos de pescar), y bacalao en Bilbao. Se come cocido en Castilla, y muchos fritos en Andalucía, donde se produce muchísimo aceite de oliva. También de Andalucía es la famosa sopa fría gazpacho, preparado a base de aceite y tomate. España produce muchos vinos. Algunas regiones principales son:

Jerez de la Frontera: El vino de Jerez tiene fama mundial como aperitivo. Se exporta mucho a Inglaterra. También en Jerez se produce el coñac.

Valdepeñas: Al sur de Madrid, Valdepeñas produce vinos tintos que se maduran en enormes tinajas.

La Rioja: Los grandes vinos de La Rioja son de muy alta calidad. Tienen un sabor único que se deriva de su maduración en barriles de roble.

Ribera de Duero: Vinos buenísimos. El mejor de España: "Vega Sicilia Unico".

Cataluña: En el Penedés de Cataluña se producen buenos vinos blancos.

 New words

merendar	*to have afternoon 'tea'; to have a snack*
mariscos	*seafood*
pescado	*fish*
carne	*meat*
tortilla	*omelette*
chorizo, salchichón	*Spanish sausages*
la cocina	*kitchen, or cuisine*
el arroz	*rice*
la fabada	*bean stew, with black pudding and fat bacon*
el bacalao	*cod, dried first and then soaked and cooked*
el cocido	*stew of meats with chick peas (**garbanzos**), served with green vegetables as equivalent to three courses – soup, vegetables and meat*
fritos	*fried dishes*
el aceite	*oil*
se maduran	*they mature*
tinaja	*huge earthenware jar*
un sabor único	*a unique flavour*
barriles de roble	*oak barrels*

Speaking

1 First, look at the menu from La Golondrina. Then read the explanation. Finally, play your part to complete the conversation with a waiter at La Golondrina.

For the first course you have a choice between vegetable soup, hors d'oeuvres, Spanish omelette and green beans with ham. The main course offers fried hake, fillet of veal or chicken cooked with finely chopped garlic, all served with a mixed salad and fried potatoes. For dessert (**postre**) there is a caramel custard (not a fruit tart!), vanilla or chocolate ice cream, or fruit. Bread and wine or mineral water are included in the price.

Restaurante
La Golondrina

Menú del día

Sopa de verduras
Entremeses
Tortilla a la española
Judías verdes con jamón

●

Merluza a la romana
Filete de ternera
Pollo al ajillo
con
Ensalada mixta
Patatas fritas

●

Flan
Helado de vainilla o chocolate
Fruta

●

Precio 15€
Pan y vino/agua mineral incluido

Camarero		Buenos días. ¿Qué va a tomar? ¿De primer plato?
a	**You**	*Say you'd like the green beans.*
Camarero		¿Y segundo plato?
b	**You**	*Say you like chicken, but not garlic, You'll take the hake.*
Camarero		¿Y de postre?
c	**You**	*Say you want ice cream for dessert.*
Camarero		¿Prefiere helado de vainilla o de chocolate?
d	**You**	*You prefer chocolate.*
Camarero		¿Agua mineral con gas o sin gas?
e	**You**	*Say still, please.*
Camarero		¿Quiere vino blanco o tinto?
f	**You**	*With the fish, perhaps white.*
Camarero		¿Va a tomar café? ¿Café con leche o café solo?
g	**You**	*Say you don't want coffee if it's not included.*

2 Here are some other details you'd like to know. Ask the waiter …

   a what the hors d'oeuvres are.

   b whether the hake is fresh (**fresca**).

   c if the chicken has a lot of garlic.

   d what fruit there is.

   e if the wine comes from La Rioja.

   f whether you can have beer instead of wine.

19 Asuntos prácticos
Some practical matters

In this unit, you will learn how to:
▶ *use the telephone.*
▶ *change money at the bank.*
▶ *buy stamps and post letters.*
▶ *react to emergencies.*

CEFR: (B1) *Can ask about things and make simple interactions at the post office and bank; can deal with situations likely to arise while travelling*

Reading 1

1 **Read the information about changing money in Spain. (Note: The passage is followed by a translation rather than a vocabulary list.)**

Los turistas que visitan España tienen que ir al banco muchas veces para cambiar dinero. Aunque se puede cambiar dinero en hoteles y otros centros comerciales, en general el cambio no es tan favorable como en los bancos. En el banco hay que buscar la ventanilla donde dice 'Cambio'. Se puede cambiar billetes – libras, dólares – o cheques de viaje. También se puede sacar dinero con una tarjeta de banco. El turista necesita mostrar su pasaporte para comprobar su identidad. Después de comprobar la documentación hay que ir a la caja donde el cajero entrega el dinero.

El horario de los bancos es de lunes a viernes desde las 0830 hasta las 1400 horas. Los sábados sólo están abiertos desde las 0830 hasta las 1230 horas. Los domingos y días de fiesta están cerrados. En verano tienen un horario modificado y están cerrados los sábados.

Tourists visiting Spain often have to go to the bank to change money. Although one can change money in hotels and other commercial establishments, the rate is not usually as favourable as in the banks. In the bank you have to look for the window where it says 'Exchange'. One can change notes – pounds, dollars – or travellers' cheques. The tourist has to show his passport to prove his identity. After checking the documentation, one has to go to the cash-desk, where the cashier hands over the money.

Language discovery

Check the above translation with the Spanish version and note the meanings of the new words. The second paragraph should be clear – it gives the usual opening times of banks in Spain.

Particularly useful are:

hay que	*one must*
los turistas tienen que	*the tourists have to*

Now use what you know to complete these expressions.

a _____ que ir   *I have to go*
b Paco _____ que comprar ...   *Paco has to buy ...*
c Tenemos que visitar ...   _____ *have to visit ...*

Reading 2

1 Read the information about using the post in Spain.

Para mandar cartas y postales, hay que comprar sellos. Los sellos se venden en Correos y también en estancos. Un estanco es una tienda pequeña donde se vende tabaco, cerillas, postales y, claro, sellos para la correspondencia. Las cartas a otros países se mandan por avión. Se puede pedir 'un sello para Inglaterra/para los Estados Unidos/para Australia, etc. por favor'. Se echa la carta en un buzón. El buzón está pintado de amarillo.

NEW WORDS

mandar	*to send*
la carta	*letter*
la postal	*postcard*
el sello	*postage stamp*
el estanco	*tobacconist's*
las cerillas	*matches*
pedir	*to ask for, request*
echar	*to post (lit. to throw)*
el buzón	*postbox*
pintado	*painted*
amarillo	*yellow*

2 Now answer the questions. Give short answers.

  a ¿Dónde se venden los sellos?

  b ¿Qué se vende en un estanco?

  c ¿Cómo se mandan las cartas a otros países?

  d ¿Dónde se echan las cartas?

  e ¿De qué color están pintados los buzones en España?

 # Reading 3

1 Read the information about finding a toilet in Spanish cities.

Para ir al WC en una ciudad en España, generalmente hay que entrar en un café o en un bar. Se pregunta 'Por favor, ¿los servicios?' o en un hotel más elegante. '¿Los aseos, por favor?'

En las puertas dice *Caballeros* o *Señoras*.

NEW WORDS

los servicios	*conveniences*
los aseos	*cloakroom, washroom* (a cloakroom where one leaves coats is **un guardarropas**)

2 Read the information again. Then give your own translation of the text.

Practice

19.01 **Work through the following exercise, based on the above three passages. How would you, in Spanish:**

    a ask if you can change money in the hotel?
    b say that you want to change one hundred pounds sterling?
    c ask what the rate of exchange is?
    d say that you prefer to go to a bank?
    e ask what time the bank closes?
    f say that you must get to the bank before two o'clock?
    g say that you have travellers' cheques in dollars?
    h ask where the cash desk is?
    i ask where you can buy stamps?
    j say that you want two stamps for airmail letters to the United States and five stamps for postcards to England?
    k say that you have to post the letters today?
    l ask where the nearest letter-box is?
    m ask where the cloakroom is?

Repeat the exercise with progressively less checking with the Answer key until you are fluent.

Reading 4

1 **Read the passage about making phone calls in Spain. Can you work out the meaning of the following words?**

    a llamar   **c** marcar   **e** el móvil
    b la llamada   **d** el mensaje

A veces se necesita llamar por teléfono. Se puede hacer llamadas internacionales desde un teléfono público o desde el teléfono de un hotel. También se puede hacer llamadas de 'cobro revertido'. Para una llamada internacional hay que marcar el numero 00. Después se marca el prefijo del país (Gran Bretaña es 44, los Estados Unidos es 1, Francia es 33), la ciudad (para Inglaterra sin el cero, por ejemplo Londres (centro) es 20 7, no 020 7), Los Angeles es 213, seguido del número del abonado. Si se oye un tono interrumpido rápido significa que está comunicando. ¡Todo es más fácil y más barato si se manda un mensaje en el móvil!

NEW WORDS

una llamada de cobro revertido	*a reverse charge call*
el prefijo	*prefix, code*
el abonado	*the subscriber*
oír/se oye	*to hear/one hears, you hear*
comunicando	*engaged*

2 Read the information again. Then give a summary of where and how to make an international call.

Reading 5

1 The word **urgencias** means *emergencies*. Before you read the information, think about situations that could be considered **urgencias**.

Si no se sabe qué número marcar, se puede buscar en la guía. Aquí hay unos teléfonos útiles de la guía de Madrid.

NEW WORDS

bomberos	*firemen*
RENFE Red Nacional de Ferrocarriles Españoles	*the Spanish National Railway Network*
incendio	*fire* (an accidental fire – the more common word is **fuego**)
avería	breakdown
la policía	*police (force)*
el policía	*policeman*

2 Look at this sentence. Then complete the others in the same way.

Si hay un accidente, hay que llamar a la Cruz Roja.

Si hay un incendio, _____ .

Si hay un robo, _____ .

Si se quiere ir al teatro, _____ .

Si se quiere tomar un avión, _____ .

Si hay una avería en el coche, _____ .

Si se quiere ir en tren, _____ .

3 Without looking at Exercise 2, do the same process with the phrases reversed. The first one has been done for you.

Hay que llamar a la Cruz Roja si hay un accidente.

Hay que llamar a los bomberos _____ .

Hay que llamar a la policía _____ .

Hay que llamar a radio-taxi _____ .

Hay que llamar a Iberia _____ .

Hay que llamar a ayuda carretera _____ .

Hay que llamar a la RENFE _____ .

4 Repeat Exercises 2 and 3 until you can do both sets of sentences without cross-checking.

20 Hablando del tiempo
Talking about the weather

In this unit, you will learn how to:
▶ describe the weather.
▶ name the points of the compass.

CEFR: (A1) Can understand sentences and frequently used expressions related to areas of most immediate relevance; can describe in simple terms aspects of the immediate environment

 Reading

1 Look at the weather map and read the information.

Aquí hay un pronóstico del tiempo como se ve cada día en el periódico.

Hoy llueve en el norte de España, y hace sol en el sur. Hay nubes y claros en el centro, el oeste y el este, y también en el noreste.

2 Now look at the record of the weather one April, and read the description.

El 1 y 2 de abril hay nubes y claros, pero el 3 llueve. Hay tormenta el 4, y dos días más de lluvia. El 7 y 8 caen chubascos, después sale el sol y hace sol cuatro días seguidos. El 14 está nuboso, y las nubes siguen hasta el día 16, cuando hace mucho viento; hay más lluvia el día 17. Después, el tiempo mejora un poco pero hace mal tiempo el 23, 24, 25 y 26 cuando el cielo está cubierto, llueve y hay tormenta. Pero el mes de abril termina con buen tiempo y cuatro días de un sol espléndido.

 New words

lluvia	*rain*
chubascos	*showers*
llovizna	*drizzle*
tormenta	*storm*
nieve	*snow*
niebla	*fog*
viento fuerte	*strong winds*
cubierto nuboso	*cloud cover*
nubes y claros	*sunny periods*
soleado	*sunny*
caer	*to fall* (see Unit 7)
llover	*to rain*
seguir	*to continue, follow* (see Unit 13)
mejorar	*to improve*
el cielo	*the sky*

Language discovery

Which word is used when saying the weather is hot or cold – está or hace?

 20.01

Hace calor, hace mucho calor.	*It is hot, very hot.*
Hace frío, hace mucho frío.	*It is cold, very cold.*
Hace (mucho) viento.	*It is (very) windy.*
Hace sol.	*It is sunny.*
Hace buen tiempo.	*It is fine.*
Hace mal tiempo.	*The weather is bad.*

Notice also:

Llueve.	*It rains (in general).*
Está lloviendo.	*It is raining (now).*

Similarly:

Nieva en invierno.	*It snows in winter.*
No está nevando ahora.	*It is not snowing now.*

Practice

1 20.02 **Using the information in the weather record and description in the Reading section, answer the following questions.**

a ¿Qué tiempo hace el tres de abril?

b ¿Está lloviendo el día siete?

c ¿Cuándo sale el sol otra vez?

d ¿Hace calor el día cuatro?

e ¿Hace buen tiempo el dieciséis y diecisiete?

f ¿Hace mejor tiempo el día veinte o el veintiuno?

g ¿Cuándo hace peor (*worse*) tiempo, el veintidós o el veintitrés?

h ¿Cuántos días de sol hay este mes?

i ¿Cuántos días hay de lluvia intensa?

j ¿En qué días hay tormentas?

2 **Study the points of the compass. Then look again at the weather forecast at the beginning of the unit and complete the following sentences.**

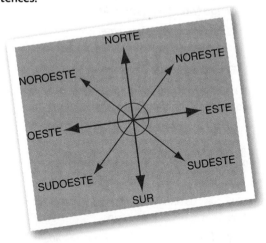

a En Badajoz hay _____ y _____, pero en Sevilla _____
_____.

b En el noroeste de España _____ _____ está _____ de
nubes, y hay _____ también.

c Al norte y al sur de Madrid, hay _____ y _____, pero al oeste
y al noreste de la ciudad hay _____.

d Las regiones del país donde está soleado son las _____,
_____ y el _____.

e En Bilbao, no hace _____ tiempo – hay _____ _____.

f Al oeste de Barcelona y en el sudeste del país, hay _____, pero
en la costa sudeste está _____.

HACE CALOR/TENGO CALOR *IT'S HOT/I'M HOT*

Notice the difference between:

	Hace calor.	*It (the weather) is hot.*
	Hace frío.	*It is cold.*
and	**Tengo calor.**	*I am hot. (literally, I have heat.)*
	Tengo frío.	*I am cold.*
and	**El agua está caliente.**	*The water is hot.*
	El café está frío.	*The coffee is cold.*

In other words you use **hace** when saying that the weather is hot or cold,
but you use **tengo** when saying that you, personally, are hot or cold.
Similarly:

¿Tienes frío?	*Are you cold?*
Isabel tiene frío.	*Isabel is cold.*
En agosto tenemos calor.	*We are hot in August.*

Things or substances such as drinks, food or metal simply *are*
(**está/están**) *hot* (**caliente**) or *cold* (**frío/fría**):

Esta cerveza no está fría.	*This beer isn't cold.*
Este chocolate está demasiado caliente.	*This chocolate is too hot.*

 Practice

How would you say:

   a Is it hot today?
   b This soup is cold.
   c It's very cold today.
   d Are you cold?
   e It's raining today.
   f It's not sunny today.
   g It rains a lot in March.

21 Para terminar ...
And finally ...

Here we try to put things in perspective for you and fill in one or two of the inevitable gaps.

Firstly, as we have already mentioned, Spanish is not the only language you will hear in Spain. Look again at the map in Unit 15. In the north-east, in Cataluña, you will hear Catalan and see street signs, shops names, etc. in Catalan. Similarly, at the other end of the Pyrenees, further north-west, you will hear Basque. All the inhabitants speak Spanish as well, of course. Also, as in most countries, there are local accents and dialects. The language you have read in this book and heard on the recording is standard Spanish – Castilian – which is fundamentally the language of Old Castile, the area north of Madrid. Perhaps the clearest Spanish spoken by ordinary people is to be heard in the regions which centre on Burgos and Soria. In other regions, people speak with an accent, sometimes too slight for you to notice, elsewhere so extreme that it is difficult to understand people until you get used to the way they speak. And remember that Spanish is the official language of 21 countries, with more than 440,000,000 speakers, who have, naturally, wide differences of accent and vocabulary, although the grammar is fairly universal. Many immigrants in Spain have come from these countries. Then again, just as with English, not everyone speaks very well. Some people gabble, some use slang, some are not very articulate. But nevertheless they will all, in general, make quite an effort to help you understand and to understand you. The Spanish are usually delighted that you have taken the trouble to learn some of their language and will go out of their way to be accommodating.

Secondly, you can learn a lot from the written language that you come across, such as signs and lettering you see in the street. Here are a few of the more common ones which may be of practical use.

Prohibiciones	Prohibitions
No tocar	*Do not touch*
No fumar	*No smoking*
Perros no	*No dogs allowed*
No aparcar. Llamamos grúa.	*No parking. Towaway in operation (lit. we call the crane)*
No tire colillas/papeles/ basura	*Do not drop cigarette butts/paper/rubbish*
No pisar el césped	*Keep off the grass*
Privado	*Private*
Prohibido el paso	*No entry*

Instrucciones	Instructions
Empujad/Tirad	*Push/Pull (on doors)*
Llamar	*Ring (or knock) (for attention)*
Introdúzcase la moneda en la ranura	*Insert the money in the slot*
Prepare la moneda exacta	*Tender the correct fare*
Peatón – circule por la izquierda	*Pedestrian – walk on the left*
P En batería	*Parking (side by side)*
P En línea (en cordón)	*Parking (end to end)*

Información	Information
Entrada/Salida	*Entrance/Exit*
Sin salida	*No exit*
Abierto/Cerrado	*Open/Closed*
Cerrado por vacaciones	*Closed for annual holiday*
Cerrado por descanso del personal	*Closed for staff holiday*
No funciona	*Out of order*
Se vende	*For sale*
Agua potable (agua no potable)	*Drinking water (non-drinking water)*
Hecho a mano	*Hand-made*
De artesanía	*Hand-made*
No se admiten reclamaciones	*Goods are non-returnable*
Paso de peatones	*Pedestrian crossing*
Ambulatorio	*Out-patients' clinic*

Lastly, how much of the grammar of Spanish have we been able to cover in this book? Enough, we hope, to enable you to manage in relatively straightforward, practical situations. But of course there is a great deal which we have not explained, and which falls outside the aim of this particular course. Much of it is related to verbs. We have not included, for example, any means of indicating actions or events which have occurred in the past (except for a fleeting reference in Unit 17: **me he dado un golpe en la cabeza** *I have hurt my head*). Neither have we explained how to indicate events which will occur in the future. However, you can exploit one method of talking about the future by using the words for *go*. (See Unit 14.) Look at these examples:

Voy a comprar las entradas.	*I'm going to buy the tickets.*
Voy a ir.	*I'm going to go.*
Vamos a visitar el museo.	*We're going to visit the museum.*
Van a llegar mañana.	*They will arrive tomorrow.*

Other types of sentences are less simply conveyed in Spanish. You will have to follow a more advanced course than this in order to cope with sentences such as *If I had known, I should have come earlier*. In the same way, issuing commands – *give it to me, don't tell him so* – involves much practice, as we suggested in Unit 15. Even when you have mastered most or all of the formal grammar, there are many usages which seem to fall outside what is explained in the textbooks and dictionaries, especially in the everyday use of the language by Spaniards amongst themselves. But this can be an advantage, because you can acquire a good deal of language use by training yourself to listen, to note what the Spanish say in certain situations or to convey certain reactions, and by imitating them. Here are a few examples of common conversational phrases that are worth learning.

¡No me diga(s)!	*You don't say! Well I never!*
¡Vaya coche/casa! etc.	*What a car/house! etc.*
¡Vaya jaleo!	*What a racket!* (noise)
¡Vaya una cosa!	*Well, there's a thing!*
Que le (te) vaya bien.	*I hope things go well with you.*
Me viene muy bien.	*It's just right, it's very convenient, just what I wanted.*
Me da igual.	*I don't mind, it's all the same to me (see Unit 9).*
digo	*I mean* (said when you have made a mistake and are correcting yourself).

¡Qué cosa más rara!	*What a peculiar thing!*
¡Qué cosa más fina! etc.	*What a fine thing! etc.*
¡Qué emoción!	*How exciting!*
¡Qué cara más dura!	*What a cheek!*
desde luego	*of course* (agreeing with someone).
¡Qué lío!	*What a mix-up!*
¡Qué pena!	*What a shame!*
Me da vergüenza/me da corte.	*I feel embarrassed about it.*
Es para volverse loco.	*It's enough to drive you mad.*
No faltaría más.	*By all means/please do.*
No hay de qué/de nada.	*Don't mention it/you're welcome.*
En absoluto.	*Not in the slightest.*
por lo menos	*at least*
más o menos	*more or less*
¿Cuánto vale?	*How much is it?*

¡Vaya! and **¡anda!** are very common expressions and can be used in a variety of ways. For example, **¡anda!** can be a mild expression of surprise, a much stronger one if you drag out the last syllable **¡andaaaa!** To express disbelief you can repeat it rapidly and dismissively: **anda**, **anda**, **anda**. (Or **ande**, **ande**, **ande** if you are using **Vd.**) You need, though, to hear these expressions in action before you use them yourself.

This point returns us to what we said at the beginning, in the Introduction: language is above all a social activity. There is a limit to what you can usefully do on your own, and experts would disagree about where that limit is. What you need to do, now that you have worked through this book, is to use every opportunity to speak Spanish, in Spain if possible, but failing that, in a class with a group of other learners, or with a native speaker. **¡Que le vaya bien!**

Congratulations on completing *Get Started in Spanish*.

If you have enjoyed the course and want to take your Spanish further, why not try the later units of *Complete Spanish* or *Complete Latin American Spanish*, or, if you feel really confident, *Perfect your Spanish*? You should find any of these ideal for building on your existing knowledge and improving your listening, reading and writing skills.

We are always keen to receive feedback from people who have used our course, so why not contact us and let us know your reactions? We'll be particularly pleased to receive your praise, but we should also like to know if you think things could be improved. We always welcome comments and suggestions, and we do our best to incorporate constructive suggestions into later editions.

You can contact us through the publishers at:

Teach Yourself Books, Hodder Headline Ltd,

338 Euston Road, London NW1 3BH.

Mark Stacey and Ángela González Hevia

Self-assessment tests

Self-assessment test 1: Units 1–10

Work through this little test in writing, without referring back. Do all of it before checking with the answers and scoring at the back of the book.

1 **Useful phrases. Can you remember the Spanish for …?**

   a Goodbye for now.

   b Sorry.

   c Not at all.

   d I don't understand.

   e I don't speak French.

   f Many thanks.

   g I love you.

   h English is spoken here.

   i I want to leave tomorrow.

   j I don't like it.

(2 points each)

2 **Can you remember the Spanish for …?**

   a an American

   b a German

   c a man from Madrid

   d a woman from Spain

   e a man from Barcelona

   f a woman from Cataluña

   g two friendly people

   h a lady from Burgos

   i a man from Argentina

   j a millionaire

(1 point each)

3 **Complete the sentences with either es or está:**

Ricardo tiene 65 años. No **a** _____ casado, **b** _____ soltero. Su casa
c _____ en Barcelona, pero en este momento Ricardo **d** _____ en
Madrid. **e** _____ de vacaciones. **f** _____ un hombre alto y activo.
Tiene muchos amigos, y cuando **g** _____ con ellos lo pasa muy
bien. Dice que **h** _____ importante ver a amigos, pero **i** _____ un
hombre moderado y siempre **j** _____ en la cama antes de las doce.

(2 points each)

4 **Supply the correct pronoun (me, te, le, se, lo, la, los, las) in the
following sentences:**

a Isabel, _____ apetece un café o prefieres un té?

b Mi padre dice que _____ gusta mucho la leche fría. _____ toma
todos los días.

c No _____ gusta el vino tinto. No _____ tomo nunca.

d Quisiera tres entradas de concierto. _____ necesito para el 12 de junio.

e ¿Toman Vds. el desayuno en el café o _____ prefieren en casa?

f _____ gustan los coches japoneses, pero prefiero _____ de Europa.

g ¿Cómo _____ va al Museo del Prado?

(1 point each)

Self-assessment test 2: Units 11–20

As before, work through this little test in writing. Do not refer back until
you check the answers, which are at the back of the book.

1 **Can you think of ten prohibitions, instructions and information
which might appear on a door in a Spanish town?**

(1 point each)

2 **How do you say in Spanish …?**

a The weather is hot.

b I'm hot.

c The water is hot.

d It's raining.

e It's windy.

f It's sunny.

g It's fine.

h It's cold.

i It's snowing.

j It's enough to drive you mad.

(1 point each)

3 **How do you say in Spanish …?**

    a I give   **f** I follow

    b I go   **g** I see

    c I have   **h** I hear

    d I make   **i** I leave

    e I say   **j** I put

(2 points each)

4 **Give short answers to these questions, following the examples.**

    Example: **¿Dónde se compra pan?** *En la panadería.*

    a ¿Dónde se compran medicamentos?

    b ¿Dónde se compra un periódico?

    c ¿Dónde se compra jamón?

    d ¿Dónde se compra un libro?

    Example: **¿Quién vende pescado?** *El pescadero.*

    e ¿Quién vende filetes de ternera?

    f ¿Quién vende fruta?

    g ¿Quién vende pasteles?

    h ¿Quién vende leche?

    i ¿Dónde se cambia dinero?

    j ¿Dónde se compran sellos?

(1 point each)

5 **Give answers in Spanish to the following sums:**

    a $24 + 24$

    b $25 - 3$

    c 33×3

    d $75 + 25$

    e $75 + 26$

    f $300 + 250$

    g 1000×4

    h $1000 - 300$

    i $1000 - 100$

    j 700×3

(1 point each)

Answer key

Vocabulary builder

hola = hello, buenas noches = good night, adiós = goodbye

Conversation

1 It's the afternoon. **2 a** ¿Quién es este señor? **b** Esta señora, ¿es Luisa?
c Sr. Herrero, buenas tardes. **d** Oh, perdone, señor. **e** ¿Quien es Vd.? **3 a** 3,
b 2, **c** 4, **d** 1, **e** 5

Language discovery

a a **b** estos **c** two **d** Vd.

Practice

1 a Buenos días, señor. **b** Hola./Buenos días. **c** Buenas tardes, señores.
d Hola. **e** Buenas noches. **2 a** Este señor es Paco. **b** Esta señorita es Isabel.
c Esta señora es la Sra. Ortega. **d** Estos señores son los Sres. Herrero.
e No, este señor no es Pedro, es Paco. **f** No, esta señorita no es Luisa,
es Isabel. **g** No, estos señores no son los Sres. García, son los Sres. Alba.
3 a Estos señores son los Sres. Méndez, ¿no? **b** Este señor es Paco, ¿no? **c** Esta
señorita es Juanita, ¿no? **d** ¿Es Vd. Paco? **e** ¿Son Vds. los Sres. Alba?

Conversation

1 Paco **2 a** 5, **b** 6, **c** 1, **d** 4, **e** 7, **f** 2, **g** 3

Language discovery

a A: Son B: somos **b** A: son B: Son **c** A: es B: Es

Practice

1 a ¿Cómo se llama Vd. (señor)?/¿Quién es Vd. (señor)? **b** ¿Cómo se
llama?/¿Quién es (esta señorita)? **c** ¿Cómo se llama Vd. (señora)? or
¿Quién es Vd.? (señora)? **d** ¿Cómo se llama? or ¿Quién es (este señor)?
e ¿Se llama Vd. Pedro (señor)? or ¿Vd. se llama Pedro, ¿no? or ¿Es Vd. Pedro
(señor)? or Vd. es Pedro, ¿no? **f** Esta señorita se llama Luisa, ¿no? **g** Vds.
son los Sres. Ortega, ¿no? **2 a** me llamo **b** perdone **c** ¿quién es? **d** hola
e hasta luego Column A: Adiós

Reading and writing

1 a I live **b** my best friend **c** he lives **2 a** Alberto Carrión **b** in Madrid
c Carlos **d** No, he lives in Toledo.

Test yourself

1 ¿Quién es Vd.? or ¿Cómo se llama Vd.? **2** Me llamo …/Soy … **3** ¿Se llama Vd…?/¿Vd. es …? **4** Perdone, señorita. **5** Estos señores son los Sres. Méndez.

UNIT 2

Conversation

1 No, they don't know each other. **2 a** Es de Madrid. **b** Es de Madrid. **c** Es de Cataluña. **d** Son de Sevilla. **e** Son españoles. **3 a** A: dónde B: de, Vd. A: también **b** A: no/verdad B: madrileño, Es

Language discovery

a español, española **b** un, una, España **c** españoles

Practice

1 a Soy de (place name). **b** Soy inglés (inglesa), americano (americana), etc. **c** No soy español (española). **d** ¿Es Vd. español, Paco? **e** Isabel, ¿es Vd. española? **f** ¿De dónde es Vd., Isabel? **g** Sres. Méndez, ¿de dónde son Vds.? **h** Q: ¿Son Vds. de Madrid, Sres.? A: Sí, somos de Madrid. **i** Q: Sres. Méndez, ¿son Vds. españoles? A: Sí, somos españoles. **j** Somos ingleses. **k** No somos españoles. **2 a** Un sevillano es de Sevilla. **b** Un madrileño es de Madrid. **c** Un barcelonés es de Barcelona. **d** Un granadino es de Granada. **e** Un cordobés es de Córdoba. **f** Un malagueño es de Málaga. **g** Un burgalés es de Burgos. **h** Un zaragozano es de Zaragoza. **i** Un tarraconense es de Tarragona. **j** Un toledano es de Toledo. **k** Un salmantino es de Salamanca. **l** Un vallisoletano es de Valladolid. **m** Un zamorano es de Zamora. **n** Un conquense es de Cuenca. **o** Un gaditano es de Cádiz. **p** Un donostiarra es de San Sebastián.

Conversation

1 French, Spanish and English **2 a** norteamericano **b** ¿Entiende Vd. Catalán? **c** No entiendo catalán. **d** Vd. habla español muy bien. **e** Muchas gracias. **3 b** Antonio no es madrileño. **c** Michael no entiende catalán.

Language discovery

Habla español muy bien.

Practice

1 italiano, español, francés, inglés, catalán, ruso (Russian), danés (Danish) **2 a** 4 **b** 1 **c** 5 **d** 3, 5 **e** 2

a Sí, hablo inglés. **b** Sí, soy norteamericano/norteamericana./No, soy …
¿De dónde es Vd.? **c** No, no entiendo catalán. Hablo alemán y español.
d Muchas gracias.

Reading and writing

1 a family **b** a little **c** but **2 a** Connie **b** Australian **c** Sydney **d** Australian
English **e** French and Spanish **f** Italian **g** nighttime **h** Córdoba

Test yourself

1 Soy … (e.g. de Londres, de Nueva York, de Canberra, madrileño/a, etc.).
2 Soy (e.g. inglés, americano, francés, australiano, etc.). **3** Hablo (e.g.
inglés, francés, alemán, etc.). **4** Vd. habla inglés muy bien. **5** ¿De dónde
es Vd.? **6** ¿Es Vd. (e.g. español/española, inglés/inglesa, americano/
americana, etc.)? **7 a** español/española **b** escocés/escocesa **c** catalán/
catalana **d** vasco/vasca **e** alemán/alemana **f** irlandés/irlandesa

UNIT 3

Street name culture

1 Francisco Goya (1746–1828) is one of the great Spanish Masters of Art,
regarded as the last of the Old Masters and the first of the modern. **2**
Juan Meléndez Valdés (1754–1817), a near contemporary of Goya who
painted his portrait, was a leading poet of his day. **3** Almagro is a town in
the province of Ciudad Real to the south of Madrid, famous today for its
restored seventeenth-century theatre, el Corral de Comedias which hosts
international theatre festivals. Born illegitimate in Almagro, Diego de
Almagro (c.1475–1538) participated in the conquest of Peru and carried on
southwards to explore Chile.

Vocabulary builder

una oficina = an office, un hospital = a hospital, un café = a café, un
teatro = a theatre

Reading

1 Isabel works for an airline. **2 a** V **b** F **c** F **d** F **e** V **f** V **3 a** Paco trabaja
en una oficina de la calle Goya. **b** Paco vive en un apartamento en la
calle Meléndez Valdés. **c** Isabel trabaja en la oficina de Iberia en la
calle María de Molina. **d** Isabel vive con la familia en un piso en la calle
Almagro. **e** No, Paco no vive en un piso grande, vive en un apartamento
pequeño. **f** No, Isabel no vive en la calle Goya, vive en la calle Almagro.
g Es Paco quien vive en la calle Meléndez Valdés. **h** Es Isabel quien

trabaja en María de Molina. **i** No, Paco no trabaja como administrador, es arquitecto. **j** La oficina en María de Molina es de Iberia – Líneas Aéreas de España.

Language discovery

a la **b** el, piso=masculine, calle=feminine

Practice

1 a Los **b** el **c** la **d** las **e** Los **f** la **g** El **2 a** José es (un) camarero. **b** La Sra. Duarte es (una) contable. **c** Inés es (una) periodista. **d** El Sr. Fernández es (un) taxista. **e** Antonio es (un) actor. Laura es (una) actriz. **f** Carola es (una) intérprete, y Juan es (un) estudiante. **3 a** un colegio **b** una oficina **c** un hospital **d** una oficina **e** un teatro **f** un café

Conversation

1 Paco **2 a** ¿Dónde vive Vd.? **b** ¿Y dónde trabaja? **c** Vivo en Madrid también. **d** ¿Dónde en Madrid? **e** ¿Y trabaja Vd. en Madrid?

The verbs in their responses end in **–o**.

Practice

1 a Q: ¿Dónde vive Vd., Isabel? A: Vivo en la calle Almagro. **b** Q: ¿Dónde trabaja Vd., Isabel? A: Trabajo en María de Molina, en la oficina de Iberia. **c** Vivo también en un apartamento pequeño. **d** Trabajo en una oficina también. **e** No hablo muy bien el español todavía. **f** Soy inglés/inglesa (escocés/escocesa, etc.). Hablo inglés. **2** Missing number – siete

Speaking

1 a Vivo en Madrid, en la calle Meléndez Valdés, en un apartamento. **b** Sí, trabajo en Madrid también. **c** No, no trabajo como profesor. Soy arquitecto. **d** Isabel trabaja en Madrid, en la oficina de Iberia, en la calle María de Molina. **e** Sí, vive en Madrid también. **f** En la calle Almagro.

Reading and writing

1 a Greetings **b** engineer **c** I'm going **d** days **e** week **f** other(s) **2 a** Tomás Garrido **b** He lives in Granada. **c** Yes, he also works there. **d** He's an engineer. **e** He works at home two days a week.

Test yourself

1 veinte, diecinueve, dieciocho, diecisiete, dieciséis, quince, catorce, trece, doce, once, diez, nueve, ocho, siete, seis, cinco, cuatro, tres, dos, uno, cero **2** Isabel vive con la familia en un piso de la calle Almagro. **3** Isabel, ¿qué hace Vd.? ¿Y dónde trabaja Vd.? **4** Soy director(a) de una empresa. **5** Vivo… y trabajo …

UNIT 4

Latin influences

1 b temporary state **2 a** position **3 c** a characteristic

Vocabulary builder

importante = important, interesante = interesting, inteligente = intelligent, tímido = timid

Feminine forms: casada, soltera, cansada importante, interesante, inteligente, tímida, simpática

Simpático looks like *sympathetic*, but it means 'nice', 'friendly'.

Monologue

1 yes **2 a** Argentina **b** holiday **c** happy **d** magnificent **e** artist **f** famous

Language discovery

a soy **b** estamos **c** está

Practice

1 Paco es español. Isabel es madrileña. Los Sres. Méndez están casados. El apartamento de Paco es pequeño. Iberia es una compañía importante. Isabel y Paco son madrileños. El piso de Isabel es muy grande. La oficina de Paco está en la calle Goya. **2 a** no están **b** no es **c** no es **d** no está **e** no son **f** no están **g** no está **h** no son

Conversation

1 2 17 18 06 **2 a** Está muy bien. **b** Está muy bien (también). **c** Isabel está en casa. **d** No, no está de vacaciones. No está muy bien. (Está constipada.)

Language discovery

a -o **b** -os **c** -a **d** -as

Practice

1 a Está muy bien. **b** No, está casada con Paul. **c** Sí, naturalmente. Están contentos. **d** Es muy simpático. Es escocés. **e** Viven en Edimburgo. **f** Es contable y trabaja en Edimburgo. **g** Sí, trabaja en una agencia de turismo.

2 a Está muy bien. **b** No está muy bien. **c** Es arquitecto. **d** Está en casa. **e** Está de vacaciones. **f** Está contento. **g** Es de Madrid. **h** Está en Madrid. **i** Es español. **j** Está constipado. **3 a** Están muy bien. **b** No están muy bien. **c** Son simpáticos. **d** Están en casa. **e** Están de vacaciones. **f** Están contentos. **g** Son de Madrid. **h** Están en Madrid. **i** Son españoles. **j** Están constipados.

Reading and writing

2 a Está en Mallorca. **b** Sí, está de vacaciones. **c** Manuel está también. **d** Están muy contentos los dos.

Test yourself

1 Estoy contento/a. **2** Estoy de vacaciones. **3** ¿Qué hace Vd.?/¿Dónde trabaja Vd.? **4** Estoy casado/a, estoy soltero/a. **5** ¿Está Paco? **6** ¿Cómo está Vd.? **7** Estoy bien./No estoy muy bien.

UNIT 5

What's in a name?

1 Juan **2** Paco **3** Concha (short for Concepción)

Vocabulary builder

la madre = mother, la hija = daughter, el hermano = brother, la abuela = grandmother, los abuelos = grandparents, la nieta = granddaughter, la tía = aunt, el sobrino = nephew, la cuñada = sister-in-law

Reading

1 They have one grandchild – a grandson named Luisito. **2 a** F **b** F **c** V **d** F **e** F **f** F

Language discovery

a Margarita y Luis, plural **b** Mi madre, singular **c** Mi, singular **d** mis, plural

Practice

1 a El padre de Luis es el Sr. Méndez. **b** Se llama Luis. **c** Se llama Isabel. **d** Tiene cuatro abuelos. **e** Tiene un sobrino. **f** Los señores Méndez son los suegros de Margarita. **g** Los señores Ballester son los suegros de Luis. **h** Isabel es la cuñada de Luis. **i** Se llama Fernando. **j** Luisito tiene dos tíos y una tía. **2 a** hermana **b** hermanos **c** mi, mi cuñado **d** mis, abuelos **e** cuatro **f** Mi, se llama **g** Mi, el hermano **h** cuatro, un **i** una hija **j** están, tienen **3 a** Carlos López Silva **b** Carmen Rivera García **c** Ana Serrano **d** Pedro López Rivera **e** Carmen López Rivera **f** Diego López Rivera **g** María Ayala **h** Carmen López Serrano **i** Diego López Ayala **j** José María López Ayala

Reading

Paco

Language discovery

a no **b** I have a car, but Isabel doesn't.

1 a pero Isabel no **b** pero Isabel no **c** pero Isabel sí **d** pero Isabel sí **e** pero Isabel sí **f** pero Isabel no **2 a** la mía **b** mío **c** el mío **d** la mía **e** los míos

Test yourself

2 a Hoy hay fabada en el restaurante. **b** En el quiosco hay billetes de lotería. **c** No. Para el teatro no hay entradas. **d** Hay cuatro vuelos diarios de BA de Londres a Madrid. **e** Sí. El apartamento de Paco es suficiente para él. **f** No es de él, está alquilado. **g** Porque sus padres viven en Alicante. **h** El coche de Paco siempre está en la calle. **i** No es de ella, es de sus padres. **j** El perro en casa de Isabel es de su madre.

UNIT 6

Getting from A to B

1 south **2** north **3** north **4** east **5** north (north-west) **6** south

Conversation

1 He's going to Santander for a conference and to Barcelona for a meeting. **2 a** Q: ¿Qué hace en junio? A: En junio voy de viaje. **b** Q: ¿En qué día va Vd.? A: Voy el día 5. **c** Q: ¿Vuelve a Madrid después del congreso? A: No, tengo una reunion en Barcelona el día 9. **d** Q: ¿Cómo va – en tren? A: No, voy en coche.

Language discovery

a no (Spanish uses cardinal numbers.) **b** masculine

Practice

1 a el uno de marzo **b** el dieciséis de junio **c** el treinta y uno de agosto **d** el dos de noviembre **e** el cuatro de julio **f** el diecinueve de mayo **g** el veintidós de febrero **h** el diez de abril **i** el vientiséis de octubre **j** el veinticuatro de diciembre **k** el treinta de enero **l** el once de noviembre **3 a** Voy a Santander. **b** Porque tengo un congreso en Santander. **c** No. En Barcelona tengo una reunión. **d** Voy el cinco de junio. **e** A Barcelona voy el día nueve. **f** Voy en coche. **g** Vuelvo a Madrid el diez de junio. **h** Porque voy directamente de Santander a Barcelona.

Reading

1 for a month **2 a** in September **b** the 30th **c** No, they have a rented flat. **d** They have it at a café. **e** They usually eat at home. **f** They visit friends or go to the cinema or to the theatre.

Language discovery

a to the **b** She's talking about herself and her husband. **c** It means *for*. In the story it means *in order to*.

Practice

a Estamos en Málaga porque estamos de vacaciones. **b** Volvemos a Madrid el día treinta. **c** Pasamos un mes en Málaga. **d** No. Tenemos un piso alquilado. **e** Vamos al café para tomar el aperitivo. **f** Sí. Vamos mañana también. **g** Sí. Vamos todos los días. **h** No. Volvemos a casa para comer. **i** No tenemos familia en Málaga, pero sí tenemos amigos. **j** Vamos al cine o al teatro.

Speaking

1 a Sí, voy a Santander y Madrid. **b** Voy el día veinte de julio. **c** Paso diez días en Santander, y después voy a Madrid. **d** Sí, y paso cinco días en Madrid con mis amigos. **e** No, tomo el tren.

Reading

1 a avión = airplane **b** caro = expensive **c** barato = cheap **2 a** One can take the train or the bus from Madrid to travel to all parts of Spain. **b** One can travel to the large cities of Spain by using Iberia's national service. **c** There are cheap flights to Málaga, Valencia, Gerona and Alicante in June, July and August. **d** Tourism is an important industry for Spain.

Test yourself

1 treinta y uno, treinta, veintinueve, veintiocho, veintisiete, veintiséis, veinticinco, veinticuatro, veintitrés, veintidós, veintiuno **2** enero, febrero, marzo, abril, mayo, junio, julio, agosto, septiembre, octubre, noviembre, diciembre **4** ¿Cómo se va al teatro? **5** ¿Se habla inglés aquí? **6** Se puede tomar el autobús a la estación. **7** Hay cinco vuelos todos los días. **8** Paso un mes en España todos los años.

UNIT 7

Spanish time

Not really.

Conversation

1 for 11 days **2 a** Isabel viaja a Edimburgo el miércoles, el día 14. **b** El avión sale a las doce y media. **c** Sí, están casados. **d** Isabel va a pasar cuatro días en Londres. **e** Isabel vuelve a Madrid el veintiséis de junio.

a las doce y media, 12:30 **b** las tres de la tarde, 3:00

Practice

1 a El veintiuno cae en un martes. **b** El treinta y uno cae en un viernes.
c El primer domingo cae en el día cinco. **d** El último domingo cae en el día veintiséis. **e** Los sábados en julio caen en el cuatro, el once, el dieciocho y el veinticinco. **f** El veintisiete cae en un lunes. **g** El cumpleaños de Isabel cae en un miércoles este año. **h** No. En julio el trece no cae en martes. Cae en lunes.
2 a domingo **b** miércoles **c** martes **d** jueves **e** sábado **f** viernes **g** lunes/
Column A: octubre **3 a** A las ocho y media de la tarde. **b** A las siete y media de la tarde. **c** A las seis y veinticinco de la tarde. **d** A las nueve y veinte de la mañana. **e** A las nueve y cinco de la tarde. **f** A las dos y cuarto de la tarde.

UNIT 8

Coffee or tea?

Isabel wants a tea with lemon and Paco wants, needs, an espresso.

Vocabulary builder

estudiar = to study, decidir = to decide, permitir = to permit, recibir = to receive

Conversation

1 at 3:00 in the afternoon **2 a** ¿Quiere Vd. un billete de ida y vuelta o solo de ida? **b** Quiero uno de ida y vuelta, por favor. **c** ¿A qué hora quiere salir?
d Quisiera pagar con Visa. **e** ¿Necesita Vd. algo más? **3 a** F **b** F **c** F **d** V **e** F
f V **g** V **h** F

Language discovery

a the infinitive

b Quisiera pagar con Visa.

Practice

1 b Necesito salir a las ocho y media. **c** Quiero llamar/Quisiera hablar por teléfono a las diez y cuarto. **d** Necesito hablar con el director a las doce menos cuarto. **e** Quiero/Quisiera comer a las dos. **f** Quisiera tomar un gin-tonic a la una y media. **g** Necesito estar en casa a las cinco de la tarde.
h Necesito ir al dentista a las cinco y media. **i** Quisiera las entradas para las siete y media de la tarde. **j** Quisiera hacer la reserva en el restaurante para las diez y media de la noche. **k** Necesito salir con el perro a las doce de la noche.

Conversation

1 with milk (no sugar) **2 a** Ricardo quiere un café. **b** Lo quiere con leche. **c** No, Ricardo no quiere azúcar.

Language discovery

Lo refers to **un café**.

Practice

a Lo **b** Las **c** Los **d** Lo **e** Lo

Test yourself

1 Quisiera un café. **2** Necesito estar en Madrid el viernes. **3** ¿Quiere hacer una reserva, por favor? **4** Necesito estar en la oficina para una reunión el día diecisiete. **5** Voy a París mañana. El vuelo sale a las diez y cuarto de la mañana. **6** Quisiera dos entradas de teatro para el día veintitrés, por favor.

UNIT 9

Perfect hosts

1 coffee but not tea **2** going out this evening

Vocabulary builder

el tenis = tennis, el golf = golf, el baloncesto = basketball, el boxeo = boxing, el béisbol = baseball

Reading

1 Because there's too much traffic/there are too many cars. **2 a** La Sra Méndez quisiera vivir en Málaga. **b** Viven en Madrid porque al marido de la Sra. Méndez le gusta vivir en Madrid. **c** El marido de la Sra. Méndez se llama Benito. **d** El Sr. Méndez dice que Madrid es más animado, más interesante. **e** Le gusta ir al café con los amigos. **f** La Sra Méndez toma un té o un chocolate en el café. **g** A la Sra. Méndez le gustan los seriales.

Language discovery

We use **me gusta** when the word that follows it is singular; we use **me gustan** when the following word is plural.

Practice

1 a no le gusta **b** quisiera **c** quiere **d** se llama **e** un ángel **f** le gusta **g** le gusta **h** demasiada política y demasiado fútbol **i** le gustan **j** son demasiado sentimentales **k** le gustan

Conversations

1 Señor B **2 a** 4 **b** 3 **c** 1 **d** 5 **e** 2

Language discovery

apetece

Practice

1 a Me gusta el café. **b** Lo prefiero con leche. **c** No quiero azúcar.
d No me apetece un café ahora. **e** ¿Quiere Vd. un té, Isabel? **f** ¿Cómo lo
quiere? **g** ¿Lo prefiere siempre con leche? **h** ¿No le gusta el té con azúcar?
i ¿Le gustan los vinos españoles, Paco? **j** ¿Prefiere Vd. el güisqui o el
vermú? **k** ¿Le apetece un gin-tonic? **l** ¿Lo quiere con limón? **2 a** No, no me
apetece ir al cine. **b** No, no me gusta el chocolate. **c** No, no quiero un gin-
tonic. **d** No, no me gusta la música de Verdi. **e** No, no me apetece salir en
el coche. **f** Sí, me apetece ir a casa. **3 a** vii; **b** iii, iv, vi, vii; **c** i, ii, viii; **d** i, ii, v, viii

Test yourself

1 Me gusta la música. **2** Me gusta mucho/muchísimo la música
flamenca. **3** No me gusta el fútbol. **4** Prefiero la música clásica. **5** ¿Le
gusta a Vd. la música flamenca? **6** ¿Prefiere Vd. la música flamenca o la
música clásica? **7** Quiero ir a casa porque no me apetece trabajar más y
necesito un gin-tonic.

UNIT 10

A less formal 'you'

Usted.

Practice

a Paco, eres madrileño, ¿no? **b** ¿Vas todos los días al café, Paco? **c** ¿Tienes
un coche, Paco? **d** ¿Te gusta el fútbol, Paco? **e** Isabel, ¿dónde pasas tus
vacaciones? **f** Y ¿dónde prefieres vivir? **g** ¿Qué te apetece más, Isabel, un
té o un café? **h** ¿Qué familia tenéis, Isabel y Paco? **i** ¿A qué hora salís por
la mañana, Paco e Isabel?

Practice

a e **b** e **c** e **d** y

UNIT 11

Practice

1 a A las siete Paco se levanta. **b** Después, se lava y se viste. **c** Sale
de casa a las ocho menos veinte. **d** Cuando llega a la oficina se sienta para
trabajar. **e** Se siente bien porque tiene compañeros simpáticos.
f No. Los Méndez se levantan tarde. **g** Porque no tienen prisa. No
trabajan. **h** Antes de salir se lavan y se visten (se arreglan). **i** Cuando

llegan al café se sientan en la terraza. **j** Dice que les gusta salir todos los días. **2 a** ¿A qué hora se levanta Vd., Paco? **b** ¿A qué hora sale Vd. de casa? **c** ¿A qué hora llega Vd. a la oficina? **d** ¿Le gusta su trabajo? **e** ¿Por qué le gusta? **f** ¿A qué hora se levantan Vds.? **g** ¿Por qué no tienen Vds. prisa? **h** ¿Por qué no trabaja su marido? **i** ¿A qué hora salen Vds.? **j** ¿Dónde se sientan Vds. en el café? **3 a** ii, **b** iii, **c** ii, **d** i, **e** iii, **f** ii, **4 a** Se toma un aperitivo a las siete de la tarde. **b** Se come bien en España. **c** Se habla bien el español en Burgos. **d** Se siente más contento en casa que en la oficina. **e** Se necesita trabajar mucho. **f** Se sale con el perro todos los días. **g** No se puede pagar con cheque. **h** En Inglaterra se bebe más té que vino.

Reading

A contract of employment, an immediate start and hours of 8.30–1.30 and 2.30–5.30.

UNIT 12

Conversations

1 September 4, 2022; May 2, 2015; FL6724 **2 a** v, **b** iii, **c** vi, **d** ii, **e** i, **f** iv
3 a tres euros **b** siete coma cuarenta y dos euros or siete euros y cuarenta y dos céntimos **c** un euro **d** sesenta céntimos **e** quince euros **f** trescientos euros y cincuenta céntimos **g** novecientas libras **h** mil novecientos noventa y cinco **i** mil novecientos ochenta y cuatro **j** dos mil trece **k** seis, cuarenta y nueve, diez **l** cuarenta y ocho, setenta y tres, veintiséis

Speaking

1 a ¿Tienes carnet? (un Documento Nacional de Identidad) **b** ¿Cuál es el número? **c** ¿Cuándo caduca? (¿Cuál es la fecha de caducidad?) **d** ¿Tienes permiso de conducir? **e** ¿Tienes pasaporte? **f** ¿Usas tarjeta de crédito? **g** ¿Tienes seguro de accidente? **h** ¿Cuál es el número de la póliza? **i** ¿Dónde vives? **j** ¿Cuál es tu número de teléfono? **k** ¿Cuáles son tus apellidos? **l** ¿Cómo se escriben? ·

UNIT 13

Reading

1 three **2** fridge, washing machine, dishwasher, microwave oven

UNIT 14

Reading

1 He goes to Alicante. He does nothing but eat, drink, swim and sunbathe. They like to go to the theatre or to the cinema. His favourite football team is Atlético de Madrid. **2 a** Isabel no le interesa mucho el deporte. El Sr. Méndez es demasiado viejo. **b** A Isabel le gusta muchísimo la música. Al Sr. Méndez le gusta el fútbol. **c** Isabel toca el piano y la guitarra y va a muchos conciertos. El Sr. Méndez ve los partidos de fútbol en la televisión. **d** Isabel va al teatro con Paco y otros amigos. El Sr. Méndez va con su señora. **e** Isabel sale a museos y galerías. Los Sres. Méndez salen al café.

Language discovery

a voy, tengo **b** hago, salgo **c** veo, salimos

Practice

a xii; **b** viii; **c** v; **d** xviii; **e** ii; **f** xiii; **g** iii; **h** i, xv; **i** vi; **j** iv, xi, xx; **k** vii; **l** ix, xvii, xix; **m** x; **n** xiv, xvi

Reading

2 a Está en la calle Fuencarral, número setenta y ocho. **b** No es necesario pagar – la entrada es gratuita. **c** La entrada tiene el número trescientos sesenta y dos mil, novecientos treinta y siete. **d** La entrada es para el uno de enero. **e** Es para la función de la tarde. **f** La butaca está en la fila número siete (la séptima fila).

UNIT 15

Conversations

1 Señora: Correos, Chica: una estación de metro, Señor: un banco, Chico: el cine Sagunto **2** She tells the woman to go to the other side of the plaza. The girl should turn left. He's on Santa Feliciana. It's on the left.
3 a al otro lado de la plaza, the other side of the plaza **b** Muchas gracias. **c** a subway station, una estación de metro **d** bank, church, iglesia **e** cinema, Cine Sagunto

Language discovery

a Vd. **b** Vd., tú **c** Vd. **d** Vd., tú

Practice

1 a Sí. Hay un aparcamiento cerca del museo. **b** Está en la calle Trafalgar. **c** Frente a la iglesia hay un banco. **d** El mercado está en la calle Raimundo Lulio. **e** Sí. La farmacia está frente a Correos, al otro lado de la plaza. **f** No. El teatro está al otro lado de la calle Luchana. **g** La estación de metro está más cerca del cine. **h** El banco está en la esquina de la calle Santa Engracia con la calle Santa Feliciana. **2** (Note: There are other routes and other ways of explaining them – if in doubt, check with the material in the dialogues.) **a** Cruza esta calle aquí a la izquierda, y sigue hasta la plaza.

Correos está a la izquierda. **b** Siga a la derecha por esta calle hasta la plaza, y el museo está a su izquierda. **c** Sí, en la Plaza de Chamberí. Tome la calle Raimundo Lulio enfrente, siga hasta el final, y hay una farmacia al otro lado de la plaza. **d** Toma la tercera calle aquí a la izquierda – la calle Sagunto, después del banco – y el cine está en tu derecha.

Reading

1 July and August. Because millions of Spaniards are on the roads.

2 a Para ir desde Madrid a Cádiz, hay que tomar la carretera nacional cuatro. No. No se pasa por Granada. **b** Si se va desde Madrid a Portugal, se cruza la frontera cerca de Badajoz. **c** No. No hay mucha distancia entre Gijón y Oviedo. **d** Sí, Toledo está cerca de Madrid. **e** Valencia está más cerca de Madrid que Barcelona. **f** Para ir desde Francia a Alicante se toma la autopista. **g** Entre Badajoz y Gijón hay las ciudades de Cáceres, Salamanca, Zamora y Oviedo. **h** España es mucho más grande que Portugal. **i** Santiago está en Galicia.

Speaking

a Sí, las carreteras son buenas, pero las distancias son grandes. **b** Sí, y me gustan los horizontes lejanos. **c** Hace calor en mayo, pero en julio, agosto y septiembre hace un calor intenso y es insoportable pasar todo el día en el coche. **d** Sí, pero son de peaje, y prefiero las carreteras más pequeñas. Sin embargo, me gusta la autopista que conecta Bilbao y Barcelona. **e** En mayo no, pero sin embargo se necesita conducir con precaución y no ir demasiado rápido. En julio y agosto hay demasiados coches porque millones de familias españolas se desplazan para sus vacaciones.

UNIT 16

Practice

a Me duelen los ojos. **b** Mi hija tiene fiebre. **c** Me duele la espalda. **d** Tengo una picadura en el pie. **e** Tiene un corte en la mano. **f** Tengo la mano inflamada. **g** ¿Tiene el Sr. Sánchez un catarro?/¿Está el Sr. Sánchez constipado?

Speaking

a Hola, Ignacio ¿Cómo estás? **b** ¿Tienes catarro?/¿Estás constipado? **c** ¿Tienes fiebre? **d** Dice treinta y siete grados. No tienes fiebre. **e** ¿Te duele la cabeza? **f** ¿Y te duele el estómago? **g** Tú no te sientes bien porque bebes demasiado.

Reading 1

1 a allergy **b** pill **2 a** ¿Tienen Vds. una loción para una quemadura del sol? **b** Tengo un corte en el pie. ¿Tiene una pomada antiséptica y una venda? **c** Me duele el estómago. **d** Me duele una muela. ¿Tiene Vd. un analgésico? **e** Mi hijo no se siente bien y tiene fiebre. **f** Quiero unas gotas para un ojo inflamado. **g** Tengo el tobillo hinchado; necesito una tobillera. **h** Necesito ver a un médico. ¿Cuáles son las horas de consulta?

Reading 2

a El medicamento se llama 'Anginovag'. **b** No es un pomada, es un spray. **c** El envase tiene veinte mililitros (20 ml). **d** El tratamiento es para infecciones de la boca y la garganta. **e** La dosis preventiva es de una aplicación cada seis horas. **f** La dosis curativa es de una o dos aplicaciones cada dos o tres horas. **g** No hay efectos secundarios. **h** El medicamento se fabrica en Laboratorios Novag, S.A., que están en San Cugat del Vallés, cerca de Barcelona.

UNIT 17

Practice

Aceitunas, noventa y nueve céntimos/pimiento padrón, un euro ochenta y nueve/pera conferencia, un euro sesenta y nueve/nísperos, un euro seis/cebolla, un euro treinta y siete/kiwi, tres euros noventa y cinco/melón, cinco euros/limón, cuarenta y un céntimos, tomate dos euros ocho/ajos, cincuenta céntimos/brócoli, setenta y ocho céntimos/total, diecinueve euros, setenta y dos

Language discovery

carnicero, panadero, pastelería, lechería, librero, medicamentos

Reading

1 a to prove **b** identity **c** to receive **2 a** dos kilos de naranjas **b** doscientos gramos de jamón **c** un litro de leche **d** ciento cincuenta gramos de queso **e** dos ajos **f** un kilo de patatas **g** un cuarto de gambas **h** tres rajas de salmón **3 a** ¿Dónde está el departamento de perfumería? **b** ¿Tienen Vds. una farmacia? **c** ¿Dónde está la cafetería? **d** Quisiera pagar con Visa. **e** Voy a pagar en efectivo. **f** ¿En qué planta está la sección de deportes? **g** La librería está en la planta baja.

UNIT 18

Diálogo 1

1 a (four) cheese pizza **2 a** Tengo hambre. **b** ¿Qué hay para comer? **c** ¿Tienes hambre? **d** A mí me gustan las pizzas. **e** ¿Te apetece una pizza? **f** ¿Quisieras pizza de anchoas o pizza de jamón? **g** Voy a llamar para una pizza. **h** ¿Quieres cerveza o Coca-Cola? **i** Voy a comprar dos cervezas, **j** Voy a tomar un café.

Dialogo 2

1 a snack **2 a** iii, **b** ii, **c** ii, **d** ii, **e** i, i/iii **3 a** ¿Quieres un café? **b** ¿Quieres té con limón? **c** ¿Quieres tarta de chocolate? **d** ¿Quieres tostada con miel? **e** ¿Quieres una cerveza fría? **a** ¿Quiere Vd. un café? **b** ¿Quiere Vd. té con limón? **c** ¿Quiere Vd. tarta de chocolate? **d** ¿Quiere Vd. tostada con miel? **e** ¿Quiere una cerveza fría?

Reading

(Note: See the New words.)

Speaking

1 a Quisiera las judías. **b** Me gusta el pollo, pero no el ajo. Voy a tomar la merluza. **c** De postre quiero helado. **d** Prefiero chocolate. **e** Sin gas, por favor. **f** Con el pescado, tal vez blanco. **g** No quiero café si no está incluido. **2 a** Los entremeses, ¿qué son? **b** ¿Está fresca la merluza? **c** ¿Tiene mucho ajo el pollo? **d** ¿Qué fruta hay? **e** ¿El vino es de La Rioja? **f** ¿Se puede tomar cerveza en vez de vino?

UNIT 19

Language discovery

a Tengo **b** tiene **c** We

Reading 2

2 a Los sellos se venden en Correos y también en estancos. **b** En un estanco se vende tabaco, cerillas, postales y sellos. **c** Se mandan las cartas a otros países por avión. **d** Se echan las cartas en un buzón. **e** Los buzones en España están pintados de amarillo.

Reading 3

2 In order to go to the toilet in a city in Spain, you generally have to go into a café or a bar. You ask, 'Please, the conveniences?' or in a more elegant hotel, 'The washrooms, please?' On the doors it says Caballeros or Señoras (Gentlemen or Women).

Speaking

a ¿Se puede cambiar dinero en el hotel? **b** Quiero cambiar cien libras esterlinas. **c** ¿A cuánto está la libra? **d** Prefiero ir a un banco. **e** ¿A qué hora se cierra el banco? **f** Tengo que ir al banco antes de las dos. **g** Tengo cheques de viaje en dólares. **h** ¿Dónde está la caja? **i** ¿Dónde puedo comprar sellos? **j** Quiero dos sellos para cartas por avión a los Estados Unidos, y cinco sellos para postales para Inglaterra. **k** Tengo que echar las cartas hoy. **l** ¿Dónde está el buzón más cercano? **m** ¿Dónde está el guardarropas?

Reading 4

1 a to call **b** the call **c** to dial **d** the message **e** the mobile **2** You can make international calls from a public telephone or from a hotel. You can also make an international call by making a reverse charge call. For an international call, you have to dial 00 and then the country code, the city code, and then the subscriber's number. If you hear a ringing sound, it means the call is going through. Everything is easier and cheaper if you send a message on your mobile!

Reading 5

2 hay que llamar a los bomberos, hay que llamar a la policía, hay que llamar a radio-taxi, hay que llamar a Iberia, hay que llamar a ayuda carretera, hay que llamar a la RENFE

UNIT 20

Language discovery

hace

Practice

1 a El tres de abril llueve. **b** Sí. El día siete caen chubascos. **c** El sol sale otra vez el diez. **d** No. El día cuatro no hace calor. Hay tormenta. **e** No. El dieciséis y diecisiete hace mal tiempo. **f** Hace mejor tiempo el veintiuno que el día veinte. **g** Hace peor tiempo el veintitrés porque el cielo está completamente cubierto. **h** Hay ocho días de sol este mes. **i** Hay cinco días de lluvia intensa. **j** Hay tormentas el día cuatro y el día veinticinco. **2 a** nubes, claros, hace sol **b** el cielo, cubierto, lluvia **c** nubes, claros, lluvia **d** Palmas, Tenerife, sur **e** buen, cubierto nuboso **f** nieblas, soleado

Practice

a ¿Hace calor hoy? **b** Esta sopa está fría. **c** Hace mucho frío hoy. **d** ¿Tienes frío? **e** Está lloviendo hoy. **f** No está soleado hoy. **g** Llueve mucho en marzo.

Answer key to the self-assessment tests

Self-assessment test 1

1 a Hasta luego. **b** Perdone/Perdona. **c** De nada. **d** No entiendo. **e** No hablo francés. **f** Muchas gracias. **g** Te quiero. **h** Aquí se habla inglés **i** Quiero salir mañana, **j** No me gusta.

2 a un americano **b** un alemán **c** un madrileño **d** una española **e** un barcelonés **f** una catalana **g** dos señores simpáticos **h** una burgalesa **i** un argentino **j** un millonario

These two are tests of memory. If you had some gaps, perhaps you are not following the 'little and often' rule.

3 a está **b** es (Ricardo tiene 65) **c** está **d** está **e** Está **f** Es **g** está **h** es **i** es **j** está

The distinction between these two verbs is important, and it's not easy, as there is no parallel case in English. If you got answers wrong, rework Unit 4 thoroughly.

4 a te **b** le, La **c** me, lo **d** Las **e** lo **f** Me, los **g** se

Again there is no exact parallel in English to most of these usages. Check in Units 6 and 9 if your grasp is insecure.

If you scored over 40 points, well done. If fewer, don't despair, but revisit Units 1–10 at the same time as you begin to look at Units 11–20.

Self-assessment test 2

1 privado; prohibido el paso; empujad; tirad; llamar; entrada; salida; sin salida; abierto; cerrado.

You will find all these in Unit 21.

2 a Hace calor. **b** Tengo calor. **c** El agua está caliente. **d** Llueve./Está lloviendo. **e** Hace viento. **f** Hace sol. **g** Hace buen tiempo. **h** Hace frío. **i** Está nevando. **j** Es para volverse loco.

Unit 20 has the details about describing weather; the last expression can be found in Unit 21.

3 **a** doy **b** voy **c** tengo **d** hago **e** digo **f** sigo **g** veo **h** oigo **i** salgo **j** pongo

These are important verbs. Check again in Unit 14 (Unit 19 for oigo) if you found this difficult.

4 **a** En la farmacia. **b** En el quiosco. **c** En la charcutería. **d** En la librería. **e** El carnicero. **f** El frutero. **g** El pastelero. **h** El lechero. **i** En el banco. **j** En Correos.

5 **a** cuarenta y ocho **b** veintidós **c** noventa y nueve **d** cien **e** ciento uno **f** quinientos cincuenta **g** cuatro mil **h** setecientos **i** novecientos **j** dos mil cien

Units 3, 6, 7 and 12 give details of numbers in Spanish.

How did you do? More than 40 points – pretty good. More than 50 – wow! Less than 30 – groan! But in any case, keep browsing through the book to consolidate what you know, and pick up on what you have not remembered.

Spanish–English vocabulary

The following list contains the important words that have been used in this book, particularly those that have occurred more than once and in the exercises, plus a few extra useful words. What are not included are groups of words such as numbers, days, months, etc. which you will find easily in the text.

abierto   *open*
abrigo (el)   *(top) coat*
abuela (la)   *grandmother*
abuelo (el)   *grandfather*
abuelos (los)   *grandparents*
acelgas (las)   *Swiss chard*
afortunadamente   *fortunately, luckily*
agradable   *pleasant*
ahora   *now*
algo   *something, somewhat*
algunas veces   *sometimes*
allá, más allá de   *there, beyond*
almohada (la)   *pillow*
almuerzo (el)   *lunch (formal)*
alquilar   *to rent, hire*
alquiler (el)   *rent*
alto   *tall*
amarillo   *yellow*
ambiente (el)   *atmosphere, surroundings*
amigo (el) (la amiga)   *friend*
animado   *lively*
año (el)   *year*
antes (de)   *before*
apellido (el)   *surname*
apto   *suitable*
aquí   *here*
arreglar   *to arrange*
armario (el)   *cupboard*
autobús (el)   *bus, coach*

autopista (la)   *motorway*
avión (el)   *aeroplane*
azúcar (el)   *sugar*
azul   *blue*

bajo   *short (people), low*
baño   *bath*
barato   *cheap*
barrio (el)   *district (of town)*
bastante   *enough, fairly*
beber   *to drink*
bien   *well*
billete (el)   *ticket, banknote*
blanco   *white*
blusa (la)   *blouse*
bolsa (la)   *bag*
bolso (el)   *handbag*
botella (la)   *bottle*
brazo (el)   *arm*
bueno   *good*
buscar   *look for, search for*
butaca (la)   *armchair*
buzón (el)   *letterbox*

cabeza (la)   *head*
cada   *each, every*
caer   *to fall*
cajón (el)   *drawer*
calcetines (los)   *socks*
caliente   *hot*
calle (la)   *street*

calor (el) heat
calzoncillos (los) *(under) pants*
cama (la) *bed*
cambiar *to change*
caro *dear, expensive*
carretera (la) *road, main road*
carta (la) *letter (correspondence)*
casa (la) *house, home*
casado *married*
casi *almost*
cena (la) *supper, dinner*
cepillo de dientes (el) *toothbrush*
cerca (de) *near*
cerrado *closed, shut*
champú (el) *shampoo*
chaqueta (la) *jacket*
chica (la) *girl*
cielo (el) *sky*
cine (el) *cinema*
ciruela (la) *plum*
coche (el) *car*
cocina (la) *kitchen*
comedor (el) *dining room*
comer *to eat*
comida (la) *meal, main midday meal*
cómo *how*
como *as, like*
compañero (el) (la compañera) *colleague, companion*
compañía (la) *company*
comprar *to buy*
concierto (el) *concert*
conferencia (la) *trunk call*
congreso (el) *conference*
conocer *to know (people)*
contento *pleased, happy*
Correos *post office*
corto *short*
cuando *when*
cuánto, cuánta *how much*
cuántos, cuántas *how many*
cuarto de baño (el) *bathroom*
cuchara (la) *spoon*
cucharilla (la) *teaspoon*

cuchillo (el) *knife*
cuello (el) *neck*
cumpleaños (el) *birthday*
cuñada (la) *sister-in-law*
cuñado (el) *brother-in-law*

dar *to give*
de *of, from*
de acuerdo *agreed*
débil *weak*
decir *to say*
demasiado, demasiada *too much*
demasiados, demasiadas *too many*
deporte (el) *sport*
derecha *right*
desayuno (el) *breakfast*
describir *to describe*
desde *since, from*
despacio *slowly*
después (de) *after*
día (el) *day*
diente (el) *tooth (incisor)*
difícil *difficult*
dinero (el) *money*
dirección (la) *address, direction*
divertir, divertirse *to amuse, to enjoy oneself*
doblar *to turn (corner), to fold*
donde *where*
dormitorio (el) *bedroom*
ducha (la) *shower*
duda, sin duda (la) *doubt, without doubt*

echar *to throw*
edredón (el) *duvet*
efectivo, en efectivo (el) *in cash*
ejemplo, por ejemplo (el) *example, for example*
empezar *to begin*
enfrente *opposite*
entrada (la) *ticket (entrance)*
escoger *to choose*
escribir *to write*

espalda (la) *back*
esquina (la) *corner (external)*
estanco (el) *kiosk (tobacco and stamps)*
este, esta *this*
estómago (el) *stomach*
estos, estas *these*
estudiante (el) (la estudiante) *student*
exposición (la) *exhibition*

fácil *easy*
falda (la) *skirt*
familia (la) *family*
fecha (la) *date*
fin (el) *end*
fin de semana (el) *weekend*
frente a *facing, opposite*
frío (el) *cold*
frío *cold (adjective)*
fuerte *strong*
función (la) *performance*
fútbol (el) *football*

golpe (el) *blow, knock*
grande *big, large, great*
gris *grey*

hablar *to speak*
hacer *to do, to make*
hambre (la) *hunger*
hasta *until*
hay *there is, there are*
hermana (la) *sister*
hermano (el) *brother*
hija (la) *daughter*
hijo (el) *son, child*
hijos (los) *children (relationship)*
hombre (el) *man*
hora (la) *time (of day)*
horario (el) *timetable*
hoy *today*

ida y vuelta *return (ticket)*
ida, de ida sólo *single, one-way ticket*

idioma (el) *language*
interesante *interesting*
invierno (el) *winter*
ir *to go*
izquierda *left*

jabón (el) *soap*
jerez, vino de Jerez *sherry*
joven *young*
jugar *to play (games)*

lado (el) *side*
largo *long*
lavabo (el) *washbasin*
leche (la) *milk*
libra (la) *pound (sterling)*
limón (el) *lemon*
llamar *to call*
llegar *to arrive*
llevar *to take, carry, wear*
lluvia (la) *rain*
luz (la) *light, electricity*

madre (la) *mother*
madrileño *of Madrid*
malo *bad*
mañana, pasado mañana *tomorrow, the day after tomorrow*
mañana (la) *morning*
mandar *to send*
mano (la) *hand*
manzana (la) *apple*
manta (la) *blanket*
mapa (el) *map*
máquina de afeitar (la) *razor*
marido (el) *husband*
mariscos (los) *seafood, shellfish*
marrón *brown*
medias (las) *stockings*
médico (el) *doctor*
melocotón (el) *peach*
menos mal *just as well*
merienda (la) *tea (meal), picnic*
mes (el) *month*

mesa (la) *table*
mismo *same*
mostrar *to show*
muchas veces *often*
muela (la) *tooth (molar)*
mujer (la) *woman, wife*
museo (el) *museum*
muy *very*

nacimiento (el) *birth*
nacionalidad (la) *nationality*
nada *nothing*
nadar *to swim*
nadie *nobody*
naranja (la) *orange*
naturalmente *naturally, of course*
necesitar *to need*
negro *black*
nieta (la) *granddaughter*
nieto (el) *grandson*
ninguno *none*
niños (los) *children (age group)*
noche (la) *night*
nombre (el) *name, forename*
nube (la) *cloud*
nuevo *new*
nunca *never*

oficina (la) *office*
oír *to hear*
ojo (el) *eye*
otoño (el) *autumn*
otro *other*

padre (el) *father*
padres (los) *parents*
pagar *to pay*
palabra (la) *word*
pantalones (los) *trousers*
para *for, in order to*
parte, todas partes *part, everywhere*
partido (el) *match (sport)*
pasar *to pass, to spend*

pasta de dientes (la) *toothpaste*
pata (la) *leg (animal)*
peaje (el) *toll (motorway toll)*
peine (el) *comb*
pequeño *small, little*
pera (la) *pear*
periódico (el) *newspaper*
pero *but*
perro (el) *dog*
pie (el) *foot*
piel (la) *skin*
pierna (la) *leg (human)*
piscina (la) *swimming pool*
piso (el) *flat*
planta (la) *storey, floor*
plátano (el) *banana*
plato (el) *plate*
plaza (la) *square*
pocas veces *not often*
poder *to be able to*
póliza (la) *policy*
poner *to put*
por *through, by, along (for)*
¿por qué? *why*
porque *because*
postre (el) *dessert*
preferir *to prefer*
pregunta (la) *question*
preguntar *to ask*
primavera (la) *spring*
primero (primer) *first*
primo (el) (la prima) *cousin*
problema (el) *problem*
puerta *door*

que *which, that*
querer *to want, to love*
quien, quienes *who*
quiosco (el) *kiosk*

rápido *fast, quick*
reunión (la) *meeting*
rincón (el) *corner (internal)*
rojo *red*

sábana (la) *sheet*
saber *to know (facts)*
sacar *to take out (of container)*
salir *to leave, to go out*
salón *sitting room*
salvo *except*
seguir *to follow*
seguro *sure, certain*
seguro (el) *insurance*
sello (el) *stamp (postal)*
semana (la) *week*
sentirse *to feel*
servilleta (la) *napkin*
siempre *always*
silla (la) *chair*
simpático *friendly, agreeable*
sino (no ... sino) *not ... but*
sobrina (la) *niece*
sobrino (el) *nephew*
sofá (el) *sofa*
sol (el) *sun*
soleado *sunny*
soltera *single woman*
soltero *bachelor, single man*

también *also, too*
tarde (la) *afternoon, evening*
tarde *late*
tarjeta (la) *card*
taza (la) *cup*
teatro (el) *theatre*
teléfono (el) *telephone*
temprano *early*
tenedor (el) *fork*
tener *to have*
tener que *to have to*
terraza (la) *terrace*
tía (la) *aunt*
tiempo (el) *time, weather*
tinto *red (of wine)*
tío (el) *uncle*
toalla (la) *towel*
tocar *to touch, to play (instruments)*

todavía *still, yet*
todo, toda, todos, todas *all, every*
tomar *to take*
trabajar *to work*
trabajo (el) *work*
tren (el) *train*

último *last*
útil *useful*
uvas (las) *grapes*

vacación (la), estar de
vacaciones *holiday, to be on holiday*
valor (el) *value*
vaso (el) *tumbler*
veces (las), de vez en cuando *times, from time to time*
ventana (la) *window (house)*
ventanilla (la) *window (kiosk, bank, etc.)*
ver *to see*
verano (el) *summer*
verdad (la) *truth*
verde *green*
vestir, vestirse *to get dressed*
viajar *to travel*
viaje (el) *journey*
viajero (el) *traveller*
vida (la) *life*
viejo *old*
viento (el) *wind*
vino (el) *wine*
visitar *to visit*
vivir *to live*
volver *to return*
vuelo (el) *flight*

y *and*

zapatos (los) *shoes*
zumo de fruta (el) *fruit juice*

Credits

Front cover: © Jupiterimages/Comstock/Getty Images

Pack: © Stockbyte/Getty Images

Internal photos:

© Photodisc/Getty Images: pages 6, 12

© Imagestate Media: pages 2, 8, 29, 46, 68, 86, 94, 96, 116, 122, 128, 132, 147, 162, 166, 167, 171

© Imagestate Media (John Foxx)/Store V3042: page 144

© Ingram Publishing Limited: pages 15, 22, 78, 117, 136

© Superstock/Ingram Publishing Limited: page 34

© 1995 Photolink/Photodisc/Getty Images: page 58

© PhotoAlto: page 112

© Stockbyte/Getty Images: page 110, 158

© 1992 Photolink/PhotoDisc/Getty images: page 157

© DAJ/Getty Images: page 123

© PhotoLink/PhotoDisc/Getty Images: page 154

© 1997 Steve Cole/Photodisc/Getty Images: page 171

© Bananastock/Photolibrary Group Ltd/Getty Images: page 150

© lucwa/iStockphoto.com: page 166